Ich denke oft
an den Krieg, denn früher
hatte ich dazu keine Zeit

Hannelore
Grünberg-Klein

Ich denke oft an den Krieg, denn früher hatte ich dazu keine Zeit

Mit einem Nachwort von
Arnon Grünberg

Aus dem Niederländischen von
Marianne Holberg

Kiepenheuer
& Witsch

Die Fotos in diesem Buch stammen, falls nicht anders vermerkt, aus dem Familienarchiv der Familie Grünberg-Klein. Wir danken der *Bijzondere Collecties van de Universiteit Amsterdam* für die Reproduktionen dieser Abbildungen.

MIX
Papier aus verantwortungsvollen Quellen
FSC® C083411
FSC
www.fsc.org

Verlag Kiepenheuer & Witsch, FSC® N001512

2. Auflage 2016

Die Originalausgabe erschien 2015 unter dem Titel
»Zolang er nog tranen zijn« bei Van Nigh & Ditmar, Amsterdam.

Aus dem Niederländischen von Marianne Holberg;
Übersetzung Nachwort: Rainer Kersten

Umschlaggestaltung: Barbara Thoben, Köln, nach dem Originalumschlag von Studio Ron van Roon
Foto der Autorin: © Pascalle Bonnier
Gesetzt aus der Dante
Satz: Buch-Werkstatt GmbH, Bad Aibling
Druck und Bindung: CPI books GmbH, Leck
ISBN 978-3-462-04880-3

Inhalt

1
Berlin

In dem Jahrzehnt nach dem Ersten Weltkrieg war die Zahl der Arbeitslosen in Deutschland immens, während die jüdische Kultur in diesen Jahren eine Blütezeit erlebte. So machten sich der Philosoph Moses Mendelssohn in Berlin, der aus Hamburg stammende Rabbiner Samson Raphael Hirsch in Frankfurt einen Namen, und der Rabbiner Raschi, der in Worms und Mainz studiert hatte, verfasste später grundlegende Kommentare zum Talmud.

Mein Vater, Leopold Klein, kam aus einer Familie mit acht Kindern: Nathan, Regina, Julius, Hugo, Selma, mein Vater Leopold, Harry und Hertha. Papa war wohl das beste Pferd im Stall. Als sein Vater Witwer geworden war, blieb er getreulich bei ihm und versorgte ihn, bis er starb. Regina, die älteste Schwester meines Vaters, erbte das Geschäft der Eltern, einen Koffer- und Taschenladen. Der lag in Ostberlin in der Markgrafenstraße, nicht weit entfernt von Unter den Linden. Dort hat die Familie Klein auch mit ihren acht Kindern gewohnt, und dort ist mein Vater mit seinen Geschwistern aufgewachsen.

Die Familie Klein lebte schon seit Generationen in Deutschland, ebenso wie die Vorfahren von Papas Mutter, die Ephraim hießen. Aus jüdischen Archiven geht hervor, dass die Familie Ephraim schon im 17. und 18. Jahrhundert eine Rolle in der Berliner Gesellschaft spielte und zu den privilegierten *Hofjuden* gehörte. Hofjuden waren die Juden, die sich die Fürsten jener Jahrhunderte an ihren Hof holten, weil sie dem Staat die materiellen Mittel zur Ausbreitung seiner militärischen und politischen Macht verschaffen konnten. Die Familie Veitel Ephraim besaß im 18. Jahrhundert eine Spitzenklöppelei, und ein anderer Zweig der Familie Ephraim war Eigentümer einer Gold- und Silbermanufaktur. Ursprünglich kamen diese Familien aus Russland.

Mein Vater war ein erfolgreicher und integrer Geschäftsmann, der als Selfmademan einen Engroshandel in Fournituren und Futterstoffen aufgebaut hatte. Er war ein gesetzestreuer Jude, der seinen Pflichten als Jude und als Mensch seinen Mitmenschen gegenüber getreu nachkam.

Meine Mutter Luise, geborene Tannenbaum, und ihre Schwester Rosi waren die einzigen Kinder meiner Großeltern Karl und Malchen Tannenbaum, die im hessischen Hersfeld geboren und dort aufgewachsen waren. Mama war eine schöne und intelligente Frau mit braunen Augen und blonden lockigen Haaren.

Die Tannenbaums – es waren acht Geschwister mit meinem Großvater – waren schon seit vielen Generationen in Hessen sesshaft. Meine Großmutter kam aus Gleicherwiesen und war eine geborene Schloss.

Die gut situierten Juden in Deutschland waren Mitglied der Loge Bné Brith, sofern sie in Großstädten lebten. Das bedeutete auch, dass man zionistisch gesinnt war, jedenfalls »salonzionistisch«, also aus der Perspektive eines komfortablen Salons in Westeuropa. Auch meine Eltern waren Mitglieder der Loge.

In diesem geschützten, traditionsbewussten Milieu wurde ich am Vorabend von Hitlers Machtergreifung am Halleschen Tor zu Berlin geboren. Angesichts der drohenden Nazigefahr bin ich das einzige Kind meiner Eltern geblieben.

Als ich drei Jahre alt war, zogen meine Eltern vom Halleschen Tor in die Düsseldorfer Straße, Ecke Uhlandstraße, ganz in der Nähe des Kurfürstendamms.

Wir hatten dort eine riesengroße Wohnung mit sieben Zimmern, in denen sich auch das Büro meines Vaters befand. Dort arbeiteten seine Sekretärin und ein Laufbursche, und mein Vater empfing hier auch seine Kunden. Dadurch war den ganzen Tag über ein reger Betrieb bei uns zu Hause, ein dauerndes Kommen und Gehen. Für kurze Zeit gab es auch eigens für mich ein Kindermädchen. Ihre Aufgabe war es, mich zu füttern – mein schlechtes Essen brachte meine Mutter zur Verzweiflung. Eine Mahlzeit dehnte sich bis zur nächsten aus, weil ich so lange dazu brauchte. Nun wurde ein Spielzeugkarussell gekauft, das sich im Kreis drehte, um meine

Esslust zu stimulieren. Die Musik des Karussels und der Gedanke an die aufgezwungenen Mahlzeiten verursachten bei mir bereits Übelkeit. Das Mädchen hatte keine Geduld und aß das Essen, das für mich bestimmt war, selbst auf und war auf diese Weise rasch fertig mit dem »Füttern«. Als Juden kein christliches Personal mehr haben durften, verschwand sie G'tt sei Dank. Die Sekretärin und auch der Laufbursche waren jüdisch und machten immer ihre Späßchen mit mir, sobald ich mich in Papas Geschäftsräumen sehen ließ.

In der Düsseldorfer Straße wohnte auch Tante Rosi mit ihrem Mann und Töchterchen Ruth. Mit Ruth bin ich zusammen aufgewachsen, als ob wir Schwestern gewesen wären. Wir spielten den ganzen Tag zusammen, wir trugen die gleichen Kleider und Mäntel. Mit drei Jahren wurde ich für kurze Zeit mit Ruth in den Montessori-Kindergarten in unserer Straße geschickt, einem der ersten dieses Schultyps in Deutschland. Damals gab es noch keine Alterseinteilung. Ich kam in eine Gruppe mit Kindern bis zu sechs Jahren und war das jüngste Kind. Ich war ihre Puppe, mit der sie spielten. Auf Befehl von Hitler wurde dieser Kindergarten, bald nachdem ich dort war, geschlossen. Nun gingen Ruth und ich in den jüdischen Kindergarten am Kaiserdamm. Dieser Kindergarten wurde von zwei jüdischen Schwestern geleitet. Wir hatten eine schöne Zeit dort. Bei gutem Wetter gingen wir in den Schrebergarten, der zum Kindergarten gehörte, bei weniger gutem Wetter, in den Wintermonaten, spielten wir drinnen Kreisspiele und andere Gruppenspiele. Ich war von den Gruppenspielen nie sehr begeistert.

Mama und ihre Schwester Rosa hatten eine innige Beziehung. Die Verbundenheit mit Papas Geschwistern und ihren Familien war weniger fest und bestand vor allem aus Treffen bei Familiengeburtstagen und Bar-Mizwas.

Papas Brüder und Schwestern lebten alle in Berlin, sein ältester Bruder Nathan sogar ganz in unserer Nähe. Der Mann von Hertha, Papas jüngster Schwester, war 1933 plötzlich verschwunden. Er war Kommunist gewesen. Man hat nie erfahren, ob er von den Nazis ermordet oder von den Kommunisten mit einem Geheimauftrag nach Russland geschickt worden war.

Tante Hertha stand mit dem kleinen Sohn Abi allein da und hatte keine Einkünfte. Papa unterstützte sie finanziell und stand ihr auch sonst in jeder Hinsicht zur Seite.

Meine Großeltern Klein waren beide schon vor meiner Geburt gestorben.

Als Kleinkinder verbrachten Ruth und ich unsere Sommerferien meist zusammen bei unseren Großeltern Tannenbaum in ihrem großen Haus in Hersfeld. Als ich etwas älter war, fuhren meine Eltern und ich in den Sommerferien oft in ein jüdisches Hotel in Johannisbad in der Tschechoslowakei.

Die Freitagabende und alle jüdischen Feiertage wurden bei uns zu Hause so gefeiert, wie es sich für orthodoxe Familien ziemt, und sie waren immer sehr gemütlich. Es wurde gelesen oder vorgelesen und gespielt. Natürlich zündete Mama die Kerzen an, und Papa sprach den Kiddusch (den Segensspruch über den Wein). Die Mahlzeiten waren üppig und bestanden aus mehreren Gängen. Mama konnte sehr gut kochen und backen und brachte vor allem vor den Festtagen manchmal halbe Nächte damit zu. Am Schabbat und an Festtagen gingen wir regelmäßig in unsere Synagoge in der Passauer Straße in der Nähe vom Kurfürstendamm. Am Schabbatnachmittag machten wir bei schönem Wetter Spaziergänge im nahe gelegenen Tiergarten, einem wunderschön angelegten Wald mitten in der Stadt mit Spazierwegen, Spielplätzen, Cafés und einem Zoo. Dort traf sich die jüdische Gemeinschaft von Berlin. Danach gingen wir zu Kaffee und fantastischem Kuchen ins Café Dobrin am Kurfürstendamm. Das war ein berühmtes jüdisches Café, wo man das leckerste Gebäck der ganzen Stadt kaufen konnte. Auch die Inneneinrichtung des Cafés war außergewöhnlich luxuriös und elegant, mit prachtvollen Fauteuils, Sitzbänken und Kronleuchtern et cetera.

Papa hatte bei Dobrin als Stammkunde ein Konto und brauchte am Schabbat also nicht zu zahlen. Das Café war immer gedrängt voll. Das Café Dobrin wurde in der »Kristallnacht« vom 9. November 1938 gänzlich zerstört und ausgeplündert. Es wurde niemals wieder eröffnet.

An den Sonntagen im Sommer machten wir Ausflüge

in die schöne nahe Umgebung von Berlin: Grunewald, Wannsee et cetera. Dort wurde gepicknickt, und man konnte seinen eigenen Kaffee kochen.

Als Ruth und ich das schulpflichtige Alter erreicht hatten, gingen wir in die Jüdische Gemeindeschule in der Fasanenstraße in der Nähe des Kurfürstendamms. Inzwischen waren die Nazis an der Macht. Auch die Schule und die Synagoge, an die sie angebaut war, wurden in der »Kristallnacht« völlig zerstört und sind in Flammen aufgegangen – bis auf zwei riesige Eingangssäulen. Diese Eingangssäulen bilden jetzt den Eingang des modernen jüdischen Gemeindehauses, das nach dem Krieg an dieser Stelle errichtet wurde.

Ruth und ich hatten in dieser Schule nicht nur eine herrliche Schulzeit, sondern dank unserer lieben und liebevollen Klassenlehrerin auch eine sorglose, unbefangene Kindheit. Wir durften sie »Tante Freundlich« nennen statt »Fräulein«. Sie ist 1938 nach Palästina emigriert, und vielleicht lebt sie jetzt noch in Israel. Sie ist während der ganzen vier Jahre der Grundschulzeit unsere Klassenlehrerin geblieben. Durch den ausschließlichen Umgang mit jüdischen Kindern und jüdischen Lehrern haben wir nichts von dem bereits existierenden Judenhass gespürt.

Allerdings hatten wir ein Portiersehepaar im Haus, das bestimmt nicht judenfreundlich war, das spürte ich sogar als Kind. Doch wenn meine Eltern mich zu Weihnachten in die Parterrewohnung schickten, um ihnen ihr

Weihnachtsgeschenk zu bringen, taten sie ganz scheinheilig, und ich musste ihren Weihnachtsbaum bewundern. Das war in den Jahren meine einzige Erfahrung mit unterdrücktem Judenhass.

Von Tante Freundlich, die sehr zionistisch eingestellt war, lernten wir, uns unserer eigenen Identität bewusst zu werden. An jüdischen Feiertagen wie Chanukka und Purim gab es Festabende mit Aufführungen, an denen die ganze Schule teilnahm und auch alle Eltern zuschauten.

Da meinen Eltern der jüdische Unterricht in der Schule nicht genügte, wurde Rabbiner Altmann von unserer Synagoge zu uns nach Hause gebeten, um mich und Ruth in der jüdischen Liturgie zu unterrichten.

Unsere Schulstunden gingen von 8 bis 13 Uhr. Dann gingen wir nach Hause. Auch Papa kam mittags nach Hause von seiner »Kundentour«, wie er das nannte, und wir aßen gemeinsam zu Mittag. Wenn ich aus der Schule kam, rief ich schon laut auf der Treppe: »Der Hannemann ist wieder da!« Das war mein Kosename. Oft ruhte Papa sich nach dem Essen auf der Couch im Esszimmer aus, und dann war es der Höhepunkt des Glückes, wenn ich mich hinter ihn legen und seinen kahlen Schädel streicheln durfte. Ich nannte ihn oft »Kulli«, weil sein Kopf so kugelrund war. Nach den Schularbeiten spielten wir nachmittags im nahe gelegenen Preußenpark oder auf dem Hohenzollernplatz oder dem Ludwigskirchplatz. Dort trafen wir auch wieder unsere Schulfreundinnen. Im Sommer aßen wir Kinder unsere Abendbutterbrote im Park. Im Winter bekamen Ruth und ich von richtigen Trainern auf der Kunsteisbahn Unterricht im Schlittschuhlaufen und im Sommer Schwimmunterricht in Halensee, bis Juden sowohl Eislauf als auch Schwimmen verboten wurde.

Es war das Jahr 1938 und unsere vier herrlichen Grundschuljahre waren zu Ende. Wir mussten nun alle eine höhere Schule wählen, das heißt: Unsere Eltern mussten wählen. Zu dieser Zeit hatten Kinder darin überhaupt kein Mitspracherecht. Meine Eltern entschlossen sich, mich in die jüdische Grunewaldschule von Frau Toni Lessler zu schicken, wo auch Ruth angemeldet wurde, und ich glaube, auch Mary Offentier aus unserer Klasse. Die Schule lag ideal, mitten im Wald und doch nahe der Stadt. Ruth und ich brauchten mit der Straßenbahn vom Hohenzollernplatz aus nur fünf oder sechs Haltestellen zu fahren.

Ruths Vater, Onkel Illy, war in diesem Jahr nach Buenos Aires emigriert und wollte seine Familie so schnell wie möglich nachkommen lassen.

Die Grunewaldschule war eine »Reiche-Leute-Schule«, und es herrschte dort bei Weitem keine so gute Atmosphäre wie in der Jüdischen Gemeindeschule in der Fasanenstraße, in die Kinder aus allen Schichten der jüdischen Gesellschaft geschickt wurden. Wir mussten eine Aufnahmeprüfung machen, die alle Fächer umfasste und einen halben Tag dauerte. Wir wurden in die Sexta aufgenommen.

In unserer Klasse war ein Mädchen, Eva Pestachowsky, der ich viele Jahre später, 1965, in Amsterdam wieder begegnen sollte. Wir waren damals beide verheiratet und hatten beide eine Tochter. Eva hatte trotz ihrer Liebesheirat ihre Kriegserfahrungen und die »Untertauchzeit« nicht bewältigen können und hat sich nicht lange nach unserem Wiedersehen das Leben genommen. Ich war sehr betroffen von ihrem Selbstmord und fühlte mich irgendwie schuldig, weil ich mir nicht mehr Mühe gegeben hatte, sie öfter zu treffen und ihr etwas Abwechslung zu verschaffen.

Acht Monate waren wir auf dieser Schule. Ich kann mich aber nur noch an unseren Abschied in der Aula erinnern. Das war kurz nach der »Kristallnacht«.

Wir sangen:

Und zu guter Letzt
Geben wir Dir jetzt
Noch zum Abschied das Geleite.
Wandre mutig fort
Bis zu jenem Ort,
wo Dir Glück und Heil zur Seite …

Die Stimmung war sehr gedrückt. Wir haben weder Lehrer noch Kinder – außer Eva Pestachowsky – jemals wiedergesehen.

Mit der »Kristallnacht«, den brennenden Synagogen, den zertrümmerten Geschäften und Kaufhäusern von Juden in ganz Deutschland, war unsere Schulzeit jäh zu Ende und auch unsere Kindheit. Ruth und ich waren damals zehn und elf Jahre alt.

Auch wir Kinder fühlten nun den Schrecken und die Angst dieser Zeit. Jüdische Männer wurden aus ihren Häusern geholt und in das Konzentrationslager Sachsenhausen deportiert. Mein Vater schlief nicht mehr bei uns zu Hause. Papa schlief bei alleinstehenden Frauen, wie seiner Schwester Hertha. Dort suchte die SS nicht nach jüdischen Männern. Die SS zog es vor, nachts auf Judenjagd zu gehen.

Schon bald gaben meine Eltern unsere große Wohnung auf. Alles wurde in Kisten verpackt, und wir zogen um in die kleine Wohnung von Tante Rosi, Ruths Mutter, wo inzwischen auch schon meine Großeltern aus Hersfeld wohnten. Die anfängliche Abneigung meines Vaters zu emigrieren, endete in einer hektischen Jagd nach einem Visum für welches Land der Welt auch immer; zusammen mit so vielen anderen Juden stand er Schlange vor den Konsulaten. Es hing eine nervöse Spannung in der Luft, und die Aggressionen, der Judenhass und die Judenmordlust waren nun auch uns Kindern nicht mehr verborgen. Der Traum des deutschen jüdischen Bürgers war ausgeträumt. Wir wohnten damals noch sieben Monate in dieser beängstigenden Atmosphäre in Tante Rosis kleiner Wohnung, mit nächtlichen Streifzügen irgendwohin, um möglichen Razzien zu entfliehen. Die Tage wurden mit Ankäufen von Hausrat und Kleidung für die Emigration verbracht. Meine Eltern ließen alles in sogenannte Liftkisten verpacken und kauften neue Möbel und eine neue Küchenausstattung. Sie planten, im Ausland eine Pension zu eröffnen.

Nach dem vergeblichen Wettlauf wegen eines Affidavits für die USA und eines Zertifikats für Palästina war es meinem Vater gelungen, für uns alle sieben, also auch für Tante Rosi und Ruth und meine Großeltern, ein Visum für Kuba zu ergattern. Die MS St. Louis sollte am 13. Mai 1939 von Hamburg mit Ziel Havanna abfahren. Am 12. Mai kamen wir in Hamburg an, wo wir in einem Nonnenkloster übernachten durften, da alle Hotels für Juden verboten waren. Am nächsten Tag gingen wir an Bord.

2
Die St. Louis

Die St. Louis[1] lag im Hamburger Freihafen: ein Luxusdampfer, schneeweiß gestrichen, schwarz-weiß-rote Schornsteine, mit dem reiche Amerikaner ihre Vergnügungsfahrten machten. Arbeiter schleppten Kisten voll Proviant, und ein Hebekran hob die Transit- oder Liftkisten – die sogenannten Judenkisten – in den Laderaum.

Für die Pass-, Devisen- und Zollkontrolle mussten wir an langen Tischen entlanglaufen. Niemand sprach ein Wort. Das Aufnehmen der Passagiere, 907 jüdische Männer, Frauen und Kinder, dauerte den ganzen Nachmittag. Wir bekamen zuerst Kaffee und Kuchen und danach Abendessen. Um 20 Uhr lief die St. Louis aus. Das Bordorchester spielte: »Muss i denn, muss i denn zum Städtele hinaus ...«

Kapitän Gustav Schröder war einer der vertrauenswürdigsten Männer der Reederei, was sich im Laufe der langen Reise auch noch zeigen sollte. Er hatte der Mannschaft befohlen, die jüdischen Passagiere wie Ausländer zu behandeln. Mein Vater hatte, wie auch die anderen Passagiere, wegen aller Eventualitäten die Hin- und

Rückreise bezahlen müssen. Es gab alle möglichen Juden an Bord: orthodoxe, die nur koscher aßen, wie wir, und andere, die erst durch das rote J in ihrem Pass an ihr Judesein erinnert wurden. Es gab Rechtsanwälte, kleine Handwerker, Geschäftsleute und Ärzte. Die »Koscheren« bekamen Fisch- und Eiergerichte auf die Speisekarte. Der erste Hafen, den wir anliefen, war Cherbourg. Hier kamen 30 Passagiere an Bord. Am Schabbat und an Jomtof[2] wurden Synagogendienste abgehalten. Das Wetter unterwegs war unwahrscheinlich schön. Es wurden Konzerte gegeben, Bockbier- und Kostümfeste. Die Reise mit dem freundlichen Kapitän und der ebenso freundlichen Mannschaft, die versuchten, es den 937 Juden so angenehm wie möglich zu machen, war wie eine lang nicht mehr gekannte Ferienreise. Am 20. Mai passierte die St. Louis die Azoren, und am 23. Mai erreichten wir die Bermudas. Das Meer war ruhig, der Himmel wolkenlos.

Ende 1938 hatte ein kubanischer Diplomat dem »Hilfsverein«, einer jüdischen Organisation, 1000 Pässe angeboten, 1000 Pässe für 1000 Dollar pro Stück. So war das damals; auf der einen Seite der verzweifelte Wettlauf, in ein Land zu kommen, das noch Juden aufnahm. Auf der anderen Seite schlossen Länder, unterstützt von der deutschen Propaganda, zunehmend ihre Grenzen für Immigranten, die mit gefälschten Pässen über die Grenze kamen und jetzt wieder weggeschickt wurden.

So geschah es, dass auf der St. Louis 937 Juden wegfuhren. Am 23. Mai steuerte die St. Louis das Karibische Meer an. Die Passagiere schliefen, die Maschinisten arbeiteten an einem defekten Motor. An Deck waren nur noch Feuerwehrleute auf Wache. Innerhalb von fünf Tagen sollte die St. Louis in Kuba sein. In dieser Nacht erhielt der Kapitän folgendes Telegramm von der Reederei in Hamburg:

> »Situation in Havanna unübersichtlich. Gegenwärtig sogar St. Louis gefährdet. Tun Äußerstes, um Landung zu ermöglichen.«

In dieser Nacht starb überraschend einer der Passagiere. Am nächsten Tag wurden vier Rechtsanwälte ausgewählt, die den Auftrag bekamen, allen anderen Passagieren den Inhalt des unangenehmen Telegramms aus Hamburg mitzuteilen. Kapitän Schröder fürchtete, dass die Einreisegenehmigungen der Passagiere für ungültig erklärt würden. Aber die Reederei war zuversichtlich, dass alles in Ordnung kommen würde. Gleichzeitig mit der St. Louis waren andere Schiffe mit jüdischen Emigranten unterwegs nach Havanna. Man fürchtete, dass so viele Emigranten auf einmal Schwierigkeiten machen könnten. Die St. Louis war das schnellste Schiff und hatte einen Vorsprung. Nach einem Gespräch mit dem Kapitän wurde ein Telegramm an das jüdische Hilfskomitee in Havanna geschickt, mit der Bitte, entsprechende Schritte zu unternehmen. Es blieb unbeantwortet. Der Agent der HAPAG[3] in Havanna war voll Vertrauen, dass die Frage der Landung geregelt würde. Ihnen lag ihrerseits viel daran, dass die Reise der St. Louis planmäßig verlief, denn für die am 29. Mai geplante Rückreise nach Hamburg über Lissabon hatten schon 280 Passagiere für einen Gesamtpreis von 45 000 Dollar Passagen gebucht. Das bedeutete viel für das devisenarme Deutschland.

Da kam das Gerücht auf, dass die Landungspapiere der St.-Louis-Passagiere gefälscht sein sollten. Über 4000 Juden sollten bereits mit falschen Permits aus derselben Quelle nach Kuba emigriert sein. Die kubanischen Behörden verlangten, die Permits zu kontrollieren. Die Information über die Fälschung kam aus Prag, wo sich der deutsche Botschafter in Kuba zufällig aufhielt. Zum selben Zeitpunkt reiste auch *SS-Hauptsturmführer* Adolf Eichmann von Wien, wo er Leiter der *Zentralstelle für jüdische Auswanderung* gewesen war, nach Prag. In Deutschland war seit Anfang des Jahres 1939 ein Rundschreiben des Außenministeriums in Umlauf, in dem es hieß: *Diese antisemitische Welle zu fördern, muß eine Aufgabe der deutschen Außenpolitik sein.*

Das sind die Fakten. Wer auch immer den falschen Bericht über die Permits aus Prag nach Kuba durchgegeben hatte, er hatte sein Ziel erreicht. Diese Situation gab den Kubanern die Möglichkeit zu einem Spiel, das einträglicher und weniger riskant war als Roulette …

An diesem 23. Mai wurde der Leichnam des verstorbenen Passagiers Herrn Weiler um 23 Uhr im Meer bestattet. Am selben Abend um 22 Uhr waren Mannschaft und Passagiere von einem lang anhaltenden Sirenenton aus dem Schlaf gerissen worden. Es war das Zeichen für »Mann über Bord«. Einige Passagiere waren an Deck gelaufen. Der Kapitän gab Befehl, ein Ruderboot herunterzulassen; auf dem unruhigen Meer schwammen bereits Leuchtbojen. Man suchte über eine Stunde; vergeblich. Die Schiffsschrauben drehten zurück. Die St. Louis zog noch einmal in langsamer Fahrt einen Kreis um die Unglücksstelle. Ohne Erfolg. Der von Bord gesprungene Mann war ein junger Tellerwäscher gewesen. Um 2.30 Uhr lag das Schiff wie ausgestorben.

Am Donnerstagmorgen, 25. Mai, erreichte die St. Louis die Floridastraße. Havanna telegrafiert immer wieder:

> »Beeilt Euch. Jede Stunde kann entscheidend sein. Ihr müsst den Hafen spätestens am 27. Mai, zwei Uhr früh erreichen.«

Die Suche nach dem über Bord gesprungenen Tellerwäscher und die Seebestattung hatten insgesamt drei Stunden gekostet. Der Vorsprung der St. Louis vor den anderen zwei Schiffen mit Bestimmung Havanna betrug nur noch zwei Stunden. Vor dem Büro des Bordfunkers standen Passagiere, die ihren Verwandten in Havanna ihre Ankunft mitteilen wollten. In der Ladenstraße des Schiffs herrschte auch viel Betrieb. Die Passagiere wollten ihr Bargeld ausgeben. Auch die Bar wurde eifrig besucht und schloss niemals früher als gegen Morgen. Durch die unsichere Zukunft waren die Nerven der Menschen aufs Äußerste angespannt. Sie wagten es nicht, sich auf die Landung zu freuen.

Am Morgen des 26. Mai berechnet der Kapitän, dass die St. Louis mit zweieinhalb Stunden Verspätung in den Hafen von Havanna einlaufen wird. Das Schiff fährt gegen den Strom an der Küste von Florida entlang. Die Passagiere stehen an der Reling, Ferngläser gehen von Hand zu Hand.

Mittags packen die Passagiere ihre Koffer. Der Kapitän kündigt das Abschiedsdiner an. Das Frühstück wird auf morgens um 3.30 Uhr festgesetzt. Diese Nacht ist heiß in Havanna. Kapitän Schröder kabelt die Ankunft des Schiffes für 4.30 Uhr. Hafenarzt, Zollbeamte, Polizei und die Immigrationsautoritäten telefonieren zurück, dass sie anwesend sein würden. Die St. Louis wirft den Anker aus. In einer halben Stunde sollte das Ausschiffen beginnen. Aber die Zeit verstreicht, und es geschieht nichts. Die Passagiere passieren schnell den Hafenarzt und stehen nun wartend in langen Reihen, ihre Pässe in der Hand. Niemand kontrolliert das Gepäck, niemand will die Pässe sehen. Gelbe und weiße Landungskarten werden verteilt. Draußen ist es jetzt hell geworden. An der Avenida del Puerto stehen sehr viele Menschen, Verwandte, die dort die ganze Nacht gewartet haben, und

Neugierige. Plötzlich kommt das Gerücht auf, es gäbe Schwierigkeiten mit dem Ausschiffen. Reporter hatten diese Nachricht mitgebracht. Polizeiboote umkreisen die St. Louis. Inzwischen ist auch die Orduna mit Immigranten an Bord in den Hafen eingelaufen. Auch bei den Hafenautoritäten herrscht Ratlosigkeit. Niemand versteht, weshalb die Passagiere der St. Louis nicht an Land dürfen. Aus dem Logbuch des Kapitäns vom 28. Mai, 14 Uhr:

> »Der Präsident von Kuba fordert sofortige Abfahrt der St. Louis.«

Um 17 Uhr meldet er:

> dass achtzehn der Passagiere mit gültigen Visa an Land dürfen, für alle anderen aber Landungsverbot herrsche.

Auch die Mannschaft geht an Land. Die Reederei in Hamburg sendet ihrem Agenten in Havanna am Montag, 29. Mai, folgendes Telegramm:

> »Verlängern Aufenthalt St. Louis äußerst zwei Tage. Wir vertrauen darauf, dass Ihre Verhandlungen Erfolg haben werden.«

Montag und Dienstag vergehen, ohne dass eine Entscheidung fällt. Die kleinen Boote mit Familienangehörigen kommen an diesen Tagen auch ans Schiff. Ihre Rufe sind nicht mehr so zuversichtlich. Die Stimmung der Passagiere wird immer unruhiger. Als die Boote wieder verschwinden, liegt dunkles Schweigen über der St. Louis. Zwei- bis dreimal am Tag ruft Kapitän Schröder das Bordkomitee zusammen und teilt mit, was unternommen werde. Im Speisesaal geben Bulletins die letzten Nachrichten bekannt.

Am Morgen des 30. Mai, 24 Stunden vor der geplanten Rückreise, landet ein Flugzeug aus New York in Havanna mit dem Rechtsanwalt Lawrence Berenson, der im Auftrag des Nationalkomitees für Flüchtlinge mit dem Präsidenten von Kuba unterhandeln soll. Der Präsident beruft das Kabinett zu einer Sondersitzung ein. Einziger Tagesordnungspunkt: »Die Überschwemmung unseres Landes von Juden.« Die Sitzung hinter verschlossenen Türen ist rasch beendet. Es wird bekannt gemacht, der Präsident bleibe bei seinem Entschluss, niemanden an Land zu lassen. Weder der Kapitän noch die Reederei weiß zu diesem Zeitpunkt den Grund, weshalb man die Passagiere nicht an Land lässt. Es gibt nur ein einziges Motiv: Geld. Viele Zeugen – unter anderem Señor Aldolpho Herrberg (Assistent des Hafenkapitäns), Sender Caplan (Chefredakteur der Zeitung Havaner Leben) und Carlos J. Sanchez (1939 unter Kolonel Benitez Inspekteur der Einwanderungsbehörde) – haben später darüber Folgendes gesagt:

Politik bedeutete für Kuba vor allem Geld. In Kuba gab es immer Möglichkeiten, an Geld zu kommen: Steuern, Schmuggel, Betäubungsmittel und Glücksspiel waren die Geldquellen. Seit November 1938, seit dem Pogrom in Deutschland, nachdem die Juden um jeden Preis ihr Land hatten verlassen müssen, war der Visahandel eine einträgliche Geldquelle geworden. In Kuba war es normal, dass einflussreiche Politiker ihren Anhängern besonders einträgliche Posten zuspielten. Einer dieser Männer, der einen solchen Posten bekommen hatte, war der Chef der Einwanderungsbehörde, Colonel Manuel Benitez. Ein Sondergesetz gab ihm das Recht, eine Immigration nach Kuba zu bewilligen. Er erteilte dafür eine sogenannte »permissio«, eine Landungserlaubnis, die 150 Dollar kostete. Gewöhnlich stellte Kuba für Immigranten – abgesehen von amerikanischen Touristen – Visa aus, die sechs Monate Gültigkeit hatten und sehr teuer waren.

Die Kubaner verlangten:

150 Dollar für das Visum.
500 Dollar Kaution, die der Immigrant beim Verlassen des Landes nach sechs Monaten zurückerhielt.
2000 Dollar Sicherheit, die der Immigrant einzahlen musste, um auf keinen Fall dem Staat zur Last zu fallen.
150 Dollar für die Schiffspassage, um auf jeden Fall das Land wieder verlassen zu können.
Insgesamt 2800 Dollar für ein Visum.

Ein Landungspapier von Colonel Benitez dagegen war 1800 Dollar billiger. Es kostete in Europa ca. 1000 Dollar. Darauf stützte sich das Geschäft von Colonel Benitez. Als immer mehr Juden versuchten, aus Deutschland nach Kuba zu emigrieren, organisiert er sein spezielles System: Benitez bot seine Landungspapiere seinen Vertrauensanwälten in Havanna an, die ihrerseits Verbindungsleute in Europa hatten, und zwar bei Konsulaten und diplomatischen Vertretungen. Diese Verbindungsleute bekamen von den Juden Geld für ein Landungspapier. Die Leute, die das vermittelten, zogen ihre Provision davon ab und schickten, zusammen mit dem übrig gebliebenen Geld, eine Liste mit Namen der Einwanderer zu den Anwälten in Kuba. Bei den Anwälten in Havanna blieben noch einmal 200 Dollar hängen, bevor die Listen an Colonel Benitez weitergingen.

Benitez unterschrieb die nötigen Papiere, das Stück à hundert Dollar. Auf der St. Louis gab es 937 Passagiere, und 915 von ihnen waren im Besitz eines von Colonel Benitez unterschriebenen Landungspapiers. Somit hatte er allein mit diesem Schiff schon fast 100 000 Dollar verdient.

Der Mann, dem Benitez seinen Posten verdankte, war der Armeechef Colonel Fulgencio Batista, der geheime Diktator von Kuba.

Dann gab es eine weitere wichtige Persönlichkeit, Pedro Mendieta, Kongressmitglied und Präsident des Immigrationskomitees. Mendieta wiederum hatte seinen eigenen Mann im Hintergrund, keinen Geringeren als Federico Laredo Bru, den Präsidenten des Landes. Laredo Bru schickte sich jetzt an, den Machtkampf mit Batista, dem geheimen Diktator von Kuba, aufzunehmen. Als ersten Schritt entzog er Benitez die Vollmacht, spezielle Permits auszugeben. Am 5. Mai 1939 war ein Dekret erlassen worden, nach dem jedes Landungspapier, das von der Einwanderungsbehörde ausgestellt war, die Zustimmung des Arbeits- und Finanzministers benötigte. Kein Permit war ohne diese Zustimmung sowie Zahlung eines Depots von 500 Dollar gültig.

Benitez konnte das gleich sein. Am 9. Mai, vier Tage vor dem Auslaufen der St. Louis aus Hamburg (und vier Tage nach Inkrafttreten des oben genannten Dekrets), bestätigte er der Reederei, dass seine Permits legal seien. Die St. Louis fuhr ab. Noch am 18. Mai gab Benitez dem Agenten der HAPAG die schriftliche Zusage, die Landungspapiere seien gültig. Was wollte Benitez mit diesem Manöver erreichen? Als sich das Schiff Havanna näherte, bekam Benitez es mit der Angst. Am 22. Mai beantragte er einen Urlaub von zwei Monaten. Am nächsten Tag hatte er ein Gespräch mit Präsident Laredo Bru. Nach diesem Gespräch waren der Präsident und Benitez ein Herz und eine Seele. Was für den kleinen Hafenpolizisten galt, galt auch für den Präsidenten, auch er nahm Geld. Bru hatte Benitez vorgeschlagen, den Gewinn der St.-Louis-Passagiere zu teilen. Am Abend des 26. Mai hatte Laredo Bru seinen Anteil noch nicht erhalten. Benitez hatte nämlich in der Zwischenzeit Kontakt mit seinem Freund Batista aufgenommen. Batista war ein Fuchs. Die Wahlen standen vor der Tür, und er wollte gegen Laredo Bru antreten. In der Bevölkerung stieß es nicht auf allgemeine Zustimmung, Juden ins Land zu lassen. Er selbst wollte sich in der Angelegenheit im Hintergrund halten. Doch sein Rat an Benitez lautete: kein Geld für Laredo Bru. In den Abendstunden des 26. Mai rief ein aufgeregter Präsident Benitez an. Dies war der Inhalt ihres Gesprächs: »Wo bleibt mein Anteil, Benitez?« Benitez: »Ihr Anteil, Herr Präsident? Welcher Anteil?« Noch zur selben Stunde bekam die Einwanderungsbehörde den Befehl vom Präsidenten: »Die Passagiere der St. Louis dürfen nicht an Land.« Vier Tage später, am 1. Juni, wurde Colonel Benitez auf Befehl des Präsidenten seines Amtes enthoben. Nicht allzu schmerzlich für Benitez; er ging als Millionär. Und bald erwies es sich, dass Batista, der geheime Diktator im Hintergrund, recht gehabt hatte. Laredo Bru verlor die Wahlen, und Batista wurde sein Nachfolger.

In der Bucht von Havanna lag die St. Louis in der glühenden Hitze. Eine seltsame Stille hing über dem Schiff. Der Speisesaal, in dem die Synagogendienste abgehalten wurden, war stets überfüllt. Die Unruhe der Passagiere wurde allmählich unerträglich. Kapitän Schröder fürchtete eine Katastrophe. Am Morgen des 30. Mai erhielt Kapitän Schröder die ersten Briefe aus Havanna, alle von Angehörigen der Passagiere und alle mit gleichlautendem Inhalt, dass die Passagiere sich in einem äußerst angespannten Zustand befänden und viele von ihnen als einzigen Ausweg Selbstmordpläne hegten. Der Kapitän rief das Bordkomitee zusammen und schlug vor, unter den Passagieren eine Schiffswache zu organisieren. Es wurde eine Wache von 36 jungen Männern gebildet. Mittags kam ein Vertreter des Hilfskomitees an Bord. Er versicherte den enttäuschten Passagieren, dass trotz der Schwierigkeiten alles nur Mögliche getan würde, um eine Rückkehr nach Deutschland zu verhindern.

Rückkehr nach Deutschland – diese Worte hätten nicht fallen dürfen. Die Nachricht verbreitete sich in Windeseile. Dr. Löwe, ein bekannter Jurist aus Breslau, achtundvierzig Jahre alt und in einer besseren Lage als die meisten, da er ein Affidavit für die USA besaß, unternahm einen Selbstmordversuch. Um 14 Uhr kam er aus seiner Kabine. Er nahm an den Besprechungen im Speisesaal teil, wo man über eine mögliche Rückkehr nach Deutschland sprach. Um 14.30 Uhr wurde er auf dem Promenadendeck gesehen. Um 15 Uhr sah ihn der Steward in der Herrentoilette verschwinden. Fünf Minuten später sah er den Mann wieder auf den Gang kommen. Ihm fiel das blasse Gesicht auf. Er hielt seine Hände an die Brust gepresst. Er taumelte. Von seinen Handgelenken tropfte Blut. Dr. Löwe hatte sich die Pulsadern aufgeschnitten.

Auf dem Achterdeck befand sich in diesem Moment ein Matrose; er hatte frei und nahm ein Sonnenbad. An Steuerbord, genau an der Stelle, wo man sieben Tage zuvor den Leichnam des verstorbenen Passagiers dem Meer anvertraut hatte. Dann kletterte Dr. Löwe über die Reling und ließ sich ins Meer fallen. Der Matrose sprang, ohne zu zögern, hinterher. Die Sirene heulte, und Hunderte Passagiere kamen an Deck, sodass die St. Louis sich leicht zur Seite neigte. Der Matrose zog sich die Schuhe aus und schwamm mit schnellen, kräftigen Zügen auf den Mann zu. Er packte Dr. Löwe unter den Achseln, aber der wollte nicht gerettet werden und versuchte sich zu befreien. Ein Rettungsring wurde über Bord geworfen. Es gelang dem Matrosen, den Rettungsring über den Kopf des Mannes zu ziehen. Er schleppte ihn zu dem eilig herbeifahrenden Polizeiboot. Männer in grauen Uniformen zogen ihn an Deck. Dr. Löwe hatte viel Blut verloren und war bewusstlos. Sie verbanden seine Handgelenke, aber das Blut sickerte durch. Das Polizeiboot fuhr in den Hafen. Dr. Löwe wurde an Land gebracht, wo schon ein Krankenwagen wartete. Er, der hatte sterben wollen, war bis jetzt der einzige Passagier der St. Louis, der an Land gekommen war. Der Purser notierte: »Das Calixto Garcia Hospital berichtet, dass Dr. Löwe nicht dazu in der Lage ist, eine Erklärung abzugeben.« Es bestand keine Lebensgefahr mehr. Die Passagiere sammelten 150 Dollar für den Lebensretter.

Drei Stunden später kam es zum zweiten Selbstmordversuch. Es war ein allein reisender Arzt aus München. Wieder notiert der Purser nüchtern:

»Nach 18 Uhr berichtete der Steward dem Schiffsarzt,

dass Kabine 76 seit 15 Uhr von innen abgeschlossen sei und er fürchte, dass dem Passagier etwas passiert sei. Der Arzt brach die Tür auf und fand den Passagier bewusstlos. Durch Eingreifen des Arztes konnte der Passagier gerettet werden.« Er hatte eine Überdosis Insulin zu sich genommen.

Kapitän Schröder bat um Verstärkung der kubanischen Bewachung. Nun kamen 40 Mann Marinepolizei. Kapitän Schröder bat um eine Genehmigung für die Familie von Dr. Löwe, an Land gehen zu dürfen. Er bekam keine Antwort. Die Nacht brachte keine Abkühlung. Kaum einer schlief. Viele Passagiere blieben an Deck. Die Polizeiboote rundum hatten ihre Scheinwerfer auf das Schiff gerichtet. Zwei weitere Selbstmordversuche wurden unternommen und verhindert. Ich erinnere mich nur an die wahnsinnige Aufregung an Bord.

So begann der 31. Mai, ein Mittwoch, der fünfte Liegetag der St. Louis in der Bucht von Havanna. Kapitän Schröder hatte den Auftrag, an dem Tag auszulaufen. Er ersuchte den Agenten der Schifffahrtsgesellschaft, den Abfahrtstermin zu verschieben. Der Agent telegrafiert nach Hamburg:

> »Kapitän informiert, dass er angesichts des verzweifelten Zustandes der Passagiere die Verantwortung für Passagiere und Schiff nicht übernehmen kann. Empfehlen daher dringend, Auslaufen aufzuschieben.«

An Bord wurden Unterschriften gesammelt. Mehr als 50 Kinder und fast 300 Frauen schrieben eine Petition an die Gattin des Präsidenten von Kuba. In Havanna organisierte Celia Robowski, die Assistentin des aus New York angereisten Anwalts Berenson, Protestkundgebungen und mobilisierte die Medien. Mittags wurde auf der St. Louis bekannt, dass über 2000 Telegramme beim kubanischen Präsidenten Laredo Bru und beim Armeechef Batista eingegangen waren, alle mit der Bitte, die St. Louis nicht in ein grausames, unsicheres Schicksal zurückzuschicken. Aus der ganzen Welt kamen Telegramme. Darunter waren auch dringende Appelle der Kardinäle von New York und Chicago.

Am Abend kam dann auch die Antwort der Reederei aus Hamburg. Die Abfahrt war bis zum 2. Juni aufgeschoben. Das sei der unwiderruflich letzte Termin. Die Reederei brauchte das Schiff für die zusätzliche Fahrt von New York. Der nächste Tag, Donnerstag, wie alle anderen Tage sonnig, brachte die Entscheidung. Das Schiff musste in wenigen Stunden den Hafen verlassen. Kapitän Schröder beschloss, selbst einzugreifen. In Zivil gekleidet fuhr er an Land.

> »Luis Clasing (der Agent) und der Anwalt der Reederei, Dr. José Tamorga, erwarteten mich im Palais, in einem kalten prunkvollen Vorzimmer. [...] Endlich wurden wir vorgelassen, aber nicht zum Präsidenten. Laredo Bru bedauerte. Er sei in ei-

ner wichtigen Sitzung. Der Chef der Palastwache, Manuel Estevez Maymir, seine rechte Hand, hörte uns an. Ich schilderte ihm die Verzweiflung meiner Passagiere. Ich appellierte an sein Mitgefühl. Ich drohte, dass die Reederei seine Regierung verklagen würde. Er hörte sich alles kühl an, und dann eröffnete er uns, dass der Präsident eigens ein Dekret erlassen habe, wonach die St. Louis bis zum Abend den Hafen zu verlassen habe. Es gäbe nichts mehr zu diskutieren. Der Entschluss des Präsidenten sei unabänderlich. Einzelheiten könnten wir mit dem Chef des Zolls besprechen. Damit waren wir verabschiedet.«

So der Bericht des Kapitäns. Das Dekret lautete folgendermaßen:

»Der Aufenthalt der St. Louis im Hafen von Havanna gefährdet die öffentliche Ordnung. Aus diesem Grund sieht sich die Regierung gezwungen, außerordentliche Maßnahmen zu ergreifen. In Ausübung der Befugnisse, die die Gesetze mir einräumen, beschließe ich: Die St. Louis hat den Hafen noch am selben Tage zu verlassen. Falls dieser Aufforderung nicht nachgekommen wird, erhalten die Streitkräfte der Kriegsflotte Befehl, den Dampfer mit den an Bord befindlichen Passagieren aus den Hoheitsgewässern der Nation zu bringen. Jede

Person des besagten Schiffes, die illegal von Bord geht, wird festgenommen und durch Staatsgewalt auf den Dampfer zurückgebracht.

Erlassen im Präsidentenpalais von Havanna am ersten Juni neunzehnhundertneununddreißig.

Federico Laredo Bru, Präsident.«

Kapitän Schröder berichtete, er habe sich weigern wollen, den Hafen zu verlassen, doch das sei sinnlos gewesen. Der einzige Ausweg war Aufschub bis zum 2. Juni, denn die Zeit war zu kurz, um für 900 Menschen Proviant und Trinkwasser an Bord zu bringen. Und eine Hoffnung gab es noch: Lawrence Berenson aus New York. Kapitän Schröder fuhr direkt zu seinem Hotel, doch er war ausgegangen. Auf dem Flur vor seinem Zimmer warteten die Journalisten. Kapitän Schröder hinterließ eine Nachricht mit der Bitte, sofort auf die St. Louis zu kommen. Inzwischen hatten verzweifelte Passagiere versucht, das Fallreep zu stürmen. Zwei Frauen waren dabei schwer verletzt worden. Sie wurden ins Krankenhaus gebracht. Die Bitte, die Angehörigen von Dr. Löwe an Land zu lassen, wurde abgelehnt, und Dr. Löwe hatte einen zweiten Selbstmordversuch unternommen.

Der Mann, dem das Schicksal von 900 Menschen anvertraut war, war zeit seines Lebens ein Außenseiter gewesen. Er hatte es in seinem Leben sehr schwer gehabt und war erst mit fünfzig Jahren zum Kapitän ernannt worden.

Für ihn ist es selbstverständlich, alles zu tun, was die Reederei von ihm verlangt, ihr Wort ist Gesetz. Aber die Stunde ist nicht fern, da er vor der Entscheidung stehen wird, gegen dieses Gesetz zu handeln.

Der Kapitän versammelt seine Offiziere, setzt sie von dem Dekret in Kenntnis und teilt mit, dass er am nächsten Tag, am Freitag, den Hafen verlassen wird. Viel sagt er nicht. »Es wird keine leichte Reise sein – aber denken Sie immer daran, dass es für unsere Passagiere am schwersten ist. Es muss alles getan werden, sie zu beruhigen. Achten Sie ständig darauf, dass jedem der Passagiere in ruhiger und höflicher Form begegnet wird. Sie sind auch auf der Rückreise unsere Gäste. Wenn die Passagiere wissen wollen, wohin wir fahren, weisen Sie sie auf die ausgehängten Bekanntmachungen hin.« Das ist alles, was er sagt. Dann empfängt der Kapitän die fünf Passagiere vom Bordkomitee. Auch ihnen kann er nur die unerbittliche Order des Präsidenten bekannt geben.

Dann kommt Lawrence Berenson, der Rechtsanwalt aus New York. Er bringt die erste gute Nachricht seit Tagen. Präsident Laredo Bru hat ihn empfangen und ihm versichert, er sei bereit, mit ihm, Berenson, gemeinsam einen Ausweg zu suchen. Doch er sei erst zu Verhandlungen bereit, wenn die St. Louis den Hafen verlassen habe und sich außerhalb der Hoheitsgewässer befände. Er würde nicht unter der Drohung von Selbstmordversuchen verhandeln.

Die schnelle Abfahrt der St. Louis läge daher im Interesse der Passagiere. Außerdem, so berichtet Berenson weiter, seien die beiden anderen Emigrantenschiffe mit Juden an Bord aus Mittelamerika auf dem Rückweg nach Havanna. Sie hätten in Mittelamerika nicht landen können.

Berenson war zuversichtlich. Er trat dem Präsidenten keineswegs mit leeren Händen entgegen. Als Beauftragter des amerikanischen Hilfswerks ist er befugt, für den Fall, dass man sie an Land lässt, für jeden Passagier der St. Louis eine Garantiesumme von 550 Dollar zu zahlen. Insgesamt also gut 500 000 Dollar.

Das Bordkomitee verfasst folgende Bekanntmachung für die Passagiere:

> »Die kubanische Regierung zwingt uns, den Hafen zu verlassen. Sie hat uns erlaubt, noch bis morgen bei Tage hierzubleiben, und es wird die Abfahrt hiermit auf 10 Uhr Freitagmorgen festgesetzt. Mit der Abfahrt sind die Verhandlungen keineswegs abgebrochen. Erst die Abfahrt des Schiffes ist Vorbedingung für das Eingreifen des Herrn Berenson und seiner Mitarbeiter.«

Vor der Abreise werden alle Passagiere im Speisesaal versammelt, wo Kapitän Schröder, Berenson und die Mitglieder des Bordkomitees sprechen werden. Zuerst spricht der Kapitän, dann Berenson:

»Es gibt eine Bedingung. Der Präsident ist nämlich bereit, alle Christen an Land zu lassen – ob mit oder ohne Landeerlaubnis! Man wird Sie nicht genau kontrollieren. Der Präsident wünscht nur, dass Sie ein Kreuz sichtbar an den Ärmel oder an den Rockaufschlag aufnähen und sich dadurch als Christen kennzeichnen … Das ist alles […]. Sie müssen schon entschuldigen, es war meine Pflicht, Sie von dieser Möglichkeit zu unterrichten.«

Berenson hatte ganz offensichtlich Mühe damit. Es klingt nach einer Verhöhnung. Die Menschen im Saal sind still. Vier der 937 Passagiere melden sich, die als Christen das Schiff verlassen wollen. Die Erwachsenen wussten, dass sie als Christen an Land konnten. Wir Kinder wussten von nichts.

An diesem Nachmittag bekam Kapitän Schröder die telegrafische Anweisung der Reederei, nach Deutschland zurückzufahren. Berenson ist noch an Bord. Der Kapitän verspricht ihm, so lange wie möglich außerhalb der Dreimeilenzone zu warten. Sechs Tage und fünf Nächte hatte die St. Louis im Hafen von Havanna gelegen, aber das Schicksal der 937 Passagiere schien die Stadt nicht zu berühren.

Bei Tagesanbruch kommen die Boote mit den Angehörigen. Um 10 Uhr, der eigentlichen Abfahrtzeit des Schiffes, kommt noch eine Barkasse längsseits. Sechs Passagiere gehen von Bord: mit einem Kennzeichen als

Christen, wie Berenson es gesagt hat. Insgesamt haben 29 Passagiere in Havanna das Schiff verlassen. Dr. Löwe ist noch im Krankenhaus. Jetzt sind noch 907 Passagiere an Bord.

Um 10.30 Uhr kommen noch einmal zwei Männer vom Hilfsverein auf das Schiff. Sie versichern den Passagieren ein weiteres Mal, sie würden auf keinen Fall nach Hamburg zurückfahren. Wenn alle Versuche für eine Landung in Havanna scheiterten, würde die Regierung der USA eine Landung in New York zulassen. Mit dieser beruhigenden, aber falschen Gewissheit gehen die Passagiere an Deck.

26 Barkassen eskortierten die St. Louis aus dem Hafen. Neben dem Schiff fährt ein Motorboot mit Männern vom Komitee des Hilfsvereins, die den Menschen an Deck unaufhörlich Trostworte zurufen. Der Präsident hatte es vorgezogen, die Stadt noch vor dem Auslaufen der St. Louis zu verlassen. Vor seinem Palast steht eine aufgebrachte Menge. Die St. Louis schwimmt langsam durch die Nacht. Leuchtbaken markieren die Nähe der amerikanischen Küste.

Der Kapitän hat noch eine Besprechung mit dem Bordkomitee. Er will versuchen, diejenigen, die den Mut dazu haben würden, mit Rettungsbooten an der Küste von Florida abzusetzen. Beinahe dreihundert sind dazu bereit. Aus Telegrammen dieses Tages, des 3. Juni, geht hervor, weshalb Kapitän Schröder dieses Abenteuer eingehen will.

Die Reederei in Hamburg an die St. Louis: »Sehen keine Möglichkeit, Passagiere anderswo zu landen. Stop. Kehren Sie sofort nach Hamburg zurück. Bestätigen Sie die Order.«

Das New Yorker HAPAG-Büro an die St. Louis: »Sie haben Instruktionen, nach Hamburg zurückzukehren. Stop. Für Havanna noch hoffnungsvoll. Stop. Wenn bis mittags keine Entscheidung fällt, muss das Schiff nach Hamburg fahren.«

Das jüdische Komitee an St. Louis: »Wir sind an der Arbeit, aber nicht in der Lage, weitere Details anzugeben. Haben Sie Vertrauen zu uns.«

HAPAG New York an St. Louis: »Nach telefonischer Rücksprache ermächtigt Sie Hamburg, bis morgen Mittag 2 Uhr auf Stelle zu treten.«

Der Kapitän lässt die Maschinen stoppen. Die dreihundert Passagiere, die illegal an Land wollen, kommen an Deck. Aber durch das Auftauchen eines Bootes der Küstenwache kann die Landung zunächst nicht stattfinden. Die Küstenwache signalisiert: »Wissen über Passagiere Bescheid. Sorry.«

Der Kapitän muss schließlich den Versuch einer illegalen Landung aufgeben. Zwei Boote der Küstenwache folgen der St. Louis von jetzt an. Dennoch haben die Passagiere wieder mehr Hoffnung. Kapitän Schröder wird das Versprechen, das er Berenson gegeben hat, so lange halten, bis Treibstoffmangel eine Entscheidung erzwingen wird. Das Schiff dreht von der Küste ab Richtung Nordost. Die sinkende Sonne lässt keinen Zweifel am Kurs; an Bord entsteht Unruhe.

Am Montag, 5. Juni, herrscht große Aufregung unter den Passagieren. Den ganzen Tag über kommen Telegramme von Verwandten aus Havanna: »Doch landen«. Eine amerikanische Presseagentur meldet ebenfalls: »Landung perfekt.« Hamburg bestätigt: »Pressemeldung korrekt. Letzte Entscheidung jedoch noch nicht gefallen. Wir haben Havanna angewiesen, dass wir Landung der Passagiere in Havanna, Matanzas oder Mariel erlauben.«

Abends kommt dann das Telegramm aus Havanna: »Bitte benachrichtigt Passagiere, dass ihre Landung auf der Isla de Pinos an der Südküste von Kuba von den Behörden genehmigt wurde. Centro Israelita.«

Die Nachricht wird mit ungeheurem Jubel aufgenommen. Zum ersten Mal wird wieder getanzt. Der Kapitän bringt das Schiff auf Südkurs.

Sofort nach der Abfahrt der St. Louis am 2. Juni hatte Berenson die Verhandlungen weitergeführt – wie es schien, unter einem glücklichen Stern. Noch am selben Morgen hatte sich ein anderes Land bereit erklärt, die Passagiere aufzunehmen, die Dominikanische Republik, für 500 Dollar pro Person. Falls dieser Betrag zu hoch sein sollte, erwartete die Dominikanische Republik Gegenvorschläge. Aber auch dieses rettende Angebot zerschlug sich. Ausgerechnet aus Berlin wurde abgewinkt. Das Außenministerium verhandelte nämlich genau in der Zeit zusammen mit der Reichszentrale für jüdische Auswanderung (Gestapo) in Berlin mit mehreren Ländern über ihre berüchtigten Massenemigrationsprojekte, darunter auch mit der Dominikanischen Republik und Guyana. Berlin wollte diese Verhandlungen nicht stören. Diktator Trujillo hatte sich bereit erklärt, 100 000 Juden zu nehmen. Das Landungsgeld, das man den Juden in Deutschland abgenommen hatte, lag auf einer New Yorker Bank. Trujillo verzichtete bereitwillig auf das kleinere Geschäft, um das größere nicht zu gefährden, doch das wusste in Havanna niemand. Der kubanische Präsident, der die Hauptstadt verlassen hatte, hielt sich im Hintergrund.

Am 3. Juni traf Berenson zum ersten Mal mit dem Beauftragten des Präsidenten zusammen. Berenson berichtet hinterher: »Die Konferenz ist sehr zufriedenstellend verlaufen. Wir werden morgen Vormittag um 11 Uhr ein weiteres Treffen haben, um zusammen mit dem Anwalt des amerikanischen Flüchtlingskomitees die Einzelheiten zu besprechen. Unmittelbar nach dieser Konferenz werden wir von Präsident Laredo Bru auf seinem Landsitz empfangen.« Doch in seinem Märchenpalast ließ Laredo Bru die Katze aus dem Sack. Die 453 000 Dollar (mehr als anderthalb Millionen Reichsmark), die Berenson im Auftrag des Joint Distribution Commitee (dem größten Hilfswerk Amerikas) bereit war, als Landegebühr zu bezahlen, wollte Laredo Bru in die eigene Tasche stecken. Der Präsident verlangte außerdem:

> »Aufenthalt der Passagiere auf der Insel de Pinos in einem dort zu errichtenden geschlossenen Lager.
> Die Zusicherung, dass ihr Aufenthalt vorübergehend sei.
> Die Immigranten dürfen nicht der öffentlichen Wohlfahrt zur Last fallen.
> Sie haben selbst für Unterbringung und Verpflegung aufzukommen.«

Für diese Entscheidung gab es 48 Stunden Zeit bis zum 6. Juni 12 Uhr mittags. Es war eine glatte Erpressung.

In einer Pressekonferenz am Morgen des 5. Juni erklärte Laredo Bru den in großer Anzahl erschienenen Korrespondenten wörtlich:

> »Mein Posten erlaubt es mir nicht, der Stimme meines Herzens zu folgen, er schreibt mir genaue Pflichten vor, und es sind oft schmerzliche Pflichten. Es ist mir einfach unmöglich, diese Flüchtlinge an Land zu lassen. Die Aufnahme weiterer Flüchtlinge würde unserer Wirtschaft ernsthaften Schaden zufügen. Aber, wie ich sagte, macht die Regie-

rung ungeachtet dessen noch einen Versuch, im Geiste der Brüderlichkeit diese Flüchtlinge aufzunehmen, wenn die nötigen Garantien gegeben werden, dass sie dem Staate nicht zur Last fallen.«

In dieser Zwangslage machte Berenson einen entscheidenden Fehler, den Laredo Bru ihm nicht verzieh. Berenson bat Laredo Brus politischen Gegner, den Armeechef Batista, um Hilfe. Berenson wusste nur, dass Batista sich für die jüdischen Einwanderer eingesetzt hatte. Er wusste aber nicht, dass Batista jetzt, vor den Wahlen, sich nicht mehr zu exponieren gedachte; es war unpopulär, Juden ins Land zu lassen. Dennoch schien Batista helfen zu wollen. Er stellte ein Armeeflugzeug zur Verfügung und flog selber mit dem Rechtsanwalt zu der Insel. Sie lag südlich von Kuba in der Bucht von Batabano. Auf Isla de Pinos lag auch das große Staatgefängnis, wohin man alle Gegner des Regimes brachte. Batista und Berenson suchten nach einem geeigneten Platz auf der Insel. Der Armeechef erklärte sich bereit, Militärbaracken aufzustellen. Wieder in Havanna, gab Batista Berenson noch folgenden Rat: Er solle die Forderungen des Präsidenten ablehnen.

Am Mittag des 5. Juni, 24 Stunden vor der von Laredo gesetzten Frist, machte Berenson im Palast einen Gegenvorschlag:

»Wir bezahlen 453 000 Dollar Landegebühr. Diese Summe gilt für die 900 Passagiere der St. Louis, für die 98 Passagiere der Flandre und die 86 von der Orduna.«

Das französische und das englische Emigrantenschiff waren noch immer auf dem Rückweg nach Havanna, nachdem es ihnen nicht gelungen war, ihre Flüchtlinge in Mittelamerika an Land gehen zu lassen. Das war am Mittag des 5. Juni; nachmittags hieß es, der kubanische Präsident sei einverstanden. Der Anruf kam von einem Beamten der Immigrationsbehörde. Anzunehmen ist, dass Batista dahintersteckte, um Laredo Bru in die Enge zu treiben. Jedenfalls erreichte ein Telegramm die St. Louis, dass die Landung auf der Isla de Pinos gesichert sei.

Nach einer für jeden und ganz sicher für Berenson schlaflosen Nacht kam dieser mit dem niederschmetternden Bericht aus der Stadt zurück, dass der Präsident die Passagiere zurückschicke. Der Bericht aus dem Präsidentenpalast lautete:

»Die kubanische Regierung wird den 907 Juden auf der St. Louis, die sich im Augenblick irgendwo auf dem Atlantik befinden, nicht erlauben, in irgendeinem kubanischen Hafen zu landen. Die 48-Stunden-Frist ist verstrichen. Mr. Berenson machte ein Gegenangebot, das unannehmbar war. So ist eine Aufnahme der Flüchtlinge nicht möglich.«

Lawrence Berenson schickte dem Präsidenten folgende Antwort:

»Die Erklärung aus dem Präsidentenpalais kam völlig überraschend, und ich habe keine Erklärung dafür. Ich werde mich bemühen, mich mit Beauftragten des Präsidenten in Verbindung zu setzen. Das New Yorker Komitee, meine Mitarbeiter und ich selbst haben Tag und Nacht ununterbrochen in der sicheren Hoffnung verhandelt, dass die Flüchtlinge der St. Louis nach Kuba hineingelassen werden. Wir hoffen aufrichtig, dass die kubanische Regierung ihre Aufnahme doch noch bewilligen wird.«

Am nächsten Tag kam ein Telegramm von der Flüchtlingsorganisation aus New York, in deren Auftrag Berenson verhandelte:

»Wir haben heute die Chase National Bank in Havanna bevollmächtigt, Ihnen folgenden Vorschlag zu unterbreiten: Wir stellen für jeden Flüchtling an Bord der ›St. Louis‹ die Summe von 500 Dollar zur Verfügung, damit er an Land darf. Den gleichen Betrag stellen wir ebenfalls für die Passagiere an Bord der Schiffe ›Flandre‹ und ›Orduna‹ zur Verfügung. Die Chase National Bank in Havanna hat das benötigte Kapital erhalten. Außerdem verpflichtet sich unser Komitee, dass keiner dieser Emigranten der

Öffentlichkeit zur Last fallen wird. Wir vertrauen darauf, dass es – obwohl es heißt, die ›St. Louis‹ sei bereits auf dem Rückweg nach Deutschland – noch nicht zu spät ist, telegrafisch eine Umkehr des Schiffes nach Havanna zu veranlassen. Darum bitten wir Sie!«

Es war genau die Summe, die Laredo Bru ursprünglich gefordert hatte. So gern der kubanische Präsident dies ursprünglich akzeptiert hatte, so wenig interessierte ihn das Geld jetzt, da es nicht in seiner eigenen Tasche landen würde. Sein Antworttelegramm lautete:

»Das Thema der ›St. Louis‹-Passagiere ist für die Regierung abgeschlossen. Mit Bedauern wiederhole ich die Unmöglichkeit ihrer Aufnahme in Kuba. Ich versichere Sie meiner aufrichtigen Freundschaft.«

Auch die Flandre und die Orduna mussten die Hoffnung aufgeben, ihre Passagiere landen zu lassen. Sie fuhren weiter. Ein einziges Mal noch versuchte Berenson, die Verhandlungen wieder aufzunehmen. Laredo Bru war nicht zu sprechen, und Batista war nicht mehr zu erreichen. Er hatte die Stadt verlassen.

Berenson flog zurück nach New York. Jetzt konnte die Rettung nur noch von dort kommen.

In Havanna waren inzwischen zwei Nachrichten von der St. Louis angekommen. Kapitän Schröder schrieb:

»Wir fahren volle Kraft Kurs Europa«, und eine zweite, von den Passagieren: »Wo bleibt Euer Versprechen, uns zu helfen? Wir treiben in unser Verderben.«

Das Schiff hielt Kurs Ostnordost.

Die Reederei in Hamburg teilte dem Kapitän Folgendes mit:

»Wenn Landung Kuba nicht möglich, dann fahren Sie direkt nach Deutschland. Sie müssen Cuxhaven erreichen, dass die Passagiere möglichst 18. Juni dort landen. Von dort fahren Sie mit Ballast nach New York zurück.«

An diesem 6. Juni hatte der Schiffsarzt alle Hände voll zu tun. Zahllose Passagiere hatten einen Nervenzusammenbruch. Der Kapitän bat alle Ärzte, sich zu melden. Dr. Fritz Spanier war einer der Ersten, die jetzt mithalfen. Unter der Leitung von Rabbiner Weil hatte sich ein Krankenkomitee gebildet, das den Passagieren Trost zusprach.

Die hereinkommenden Telegramme hatten alle denselben Inhalt.

Der Kapitän versuchte, den Menschen durch eigenes *Keepsmiling* Sicherheit zu geben. Unter den Passagieren hatte sich ein Sabotagekomitee gebildet, Menschen, die vor lauter Verzweiflung zum Äußersten bereit waren. Auf sie wurde ein Wachdienst angesetzt. Die St. Louis war inzwischen vier Wochen auf See. Am 8. Juni, meinem zwölften Geburtstag, näherte sich das Schiff wieder den Bermudainseln, wo auf der Hinreise Herr Weiler und der polnische Tellerwäscher im Meer bestattet worden waren.

Petitionen gingen in die ganze Welt: an Präsident Roosevelt, ans englische Königspaar, an bekannte Persönlichkeiten aus Presse und Radio. Zwar kamen Antworten, jedoch ohne positiven Wert. Über die Weltmeere fuhren mehr Schiffe mit Hunderten jüdischer Flüchtlinge an Bord. Am 9. Juni fiel die Entscheidung: Amerika lehnte es ab, die Flüchtlinge aufzunehmen. Vom Joint kam ein Telegramm, sie würden alles nur Mögliche tun, um zu helfen. Der neue Kurs der St. Louis war der Kurs auf den Ärmelkanal.

In ganzen Gruppen stürmten die Passagiere die Treppe zum Kapitän. Der Kapitän sagte, auf irgendeine Art würde eine Landung außerhalb Deutschlands möglich gemacht werden. Er besprach seinen Geheimplan mit seinem Leitenden Ingenieur. Er wollte an der Südküste Englands einen Motorschaden vortäuschen und die Passagiere an drei Stellen von Bord lassen. Er arbeitete diesen Plan detailliert aus. Die Gestapo teilte der HAPAG mit, dass sie zusehen müssten, die Juden irgendwo anders loszuwerden, andernfalls würde man sie in einem Konzentrationslager internieren.

Wir Kinder von der St. Louis waren uns all dieses Elends und all der Aufregung nicht wirklich bewusst. Einer der jungen Männer an Bord war auf die Idee gekommen, die Existenz eines Selbstmordpakts an Bord der St. Louis in einer amerikanischen Zeitung zu lancieren. Vielleicht würde die Welt hiervon wachgerüttelt werden und die Flüchtlinge aufnehmen. Der Selbstmordpakt regte die Gemüter in der Welt auf. Je mehr die St. Louis sich Europa näherte, desto lauter wurden Stimmen, den Passagieren Asyl zu gewähren. In den Niederlanden richteten Professor Cohen und Mevrouw Wijsmuller-Meijer einen Appell an die Königin und an den Ministerpräsidenten. In Frankreich forderten französische Abgeordnete, der ehemalige Außenminister und der frühere Arbeitsminister die französische Regierung auf, die Flüchtlinge aufzunehmen. In London verhandelten Harold Linder und Paul Eppstein von der Reichsvereinigung der Juden in Deutschland. Die belgische Regierung war die Erste, die sich bereit erklärte, 250 Flüchtlinge aufzunehmen.

Die Vorräte des Schiffes gingen aus. Wie ein Traum erschien es, dass das Schiff eine Woche zuvor noch voller Hoffnung auf eine Landung in glühender Hitze in der Bucht von Havanna gelegen hatte. An uns Kindern glitt das alles vorbei. Wir lebten in unserer eigenen Welt voller Fantasie und Spiele. Wir rannten auf allen Decks des Schiffes herum, schauten Babys an und spielten Verstecken.

Am 13. Juni kamen die Neuigkeiten aus Belgien auf dem Schiff an. Auch Holland hatte sich inzwischen bereit erklärt, 200 Passagiere aufzunehmen. Auch aus Frankreich kam die positive Nachricht, einen Teil der

Flüchtlinge aufzunehmen. Nur England, auf das man so gehofft hatte, ließ auf sich warten. Da wurde mit Whitehall, mit einem hohen Beamten des Home Office, telefoniert. Dieser Beamte stellte eine Menge naiver Fragen: ob die Passagiere keine gültigen Papiere für Kuba gehabt hätten, *»what kind of passengers«* es seien, was passieren würde, wenn sie in Deutschland landeten, und so weiter. Nach einer Parlamentssitzung kam schließlich ein Bescheid des Innenministeriums: Auch Großbritannien nahm Passagiere auf.

Aus Paris kam folgendes Telegramm:

»Endgültige Vereinbarung für die Ausschiffung aller Passagiere ist zustande gekommen. Ich bin glücklich, Sie wissen zu lassen, dass die Regierungen von Belgien, Holland, Frankreich und England zugestimmt haben. Der Kapitän wird in Kürze wegen der Landung Anweisungen erhalten. Ich bitte um baldige Bestätigung, dass Sie dieses Telegramm erhalten haben.«

Unterschrieben: Morris Troper, Präsident des JDC. in Paris.«

Die Antwort der Passagiere an Morris Troper:

»Die 907 Passagiere der ›St. Louis‹, dreizehn Tage schwankend zwischen Hoffnung und Enttäuschung erhielten heute Ihre befreiende Nachricht

> vom 13. Juni. Unsere Dankbarkeit ist so unendlich wie der Ozean, auf dem wir seit dem 13. Mai schwimmen, anfangs voller Hoffnung auf eine gute Zukunft und später voll tiefer Enttäuschung. Nehmen Sie bitte den ewigen Dank jener Männer, Frauen und Kinder entgegen, die ein gemeinsames Schicksal an Bord der ›St. Louis‹ vereint.«

Am 15. Juni bekam Kapitän Schröder die Nachricht, dass Belgien das Ziel war. Die Passagiere der St. Louis sollten im Hafen von Antwerpen auf die verschiedenen Länder verteilt werden.

In Vlissingen sollte eine Abordnung der vier Länder an Bord kommen und anhand von Listen und Fragebögen die Verteilung der Passagiere vornehmen. Überall wurden Anschläge angebracht, dass Familienlisten gemacht werden müssten in Form von Einzelfragebögen, je Familie und je Ledige. Man sollte Angaben über Verwandte in den Gastländern machen, die eventuell Unterstützung und Unterkunft bieten könnten. Zwei Tage lang schrieben die Passagiere an den Listen.

In Hamburg notierte der Direktor der HAPAG erleichtert ein Telefongespräch mit der Gestapo: »Ihre Fahrt zur St. Louis ist nicht mehr notwendig.«

Am Morgen des 17. Juni um 4 Uhr fuhr eine lange Reihe Taxis vor dem Hotel Century in Antwerpen vor. Im ersten Wagen saßen die Mitglieder des Flüchtlingskomitees aus den Niederlanden, unter ihnen Mevrouw

Wijsmuller-Meijer. Dann die belgische, die französische und die englische Delegation. Vom amerikanischen Joint war Morris Troper dabei, von der HICEM Dr. Bernstein, von der Reichsvereinigung der Juden in Deutschland Dr. Eppstein.

Die Passagiere für Belgien verließen als Erste die St. Louis. Ein Sonderzug fuhr aus Antwerpen Richtung Brüssel. In der ersten Nacht wurden die Passagiere in Hotels und bei Privatleuten untergebracht. Wer Verwandte in der Stadt hatte, konnte bleiben, die anderen wurden nach Schloss Marneffe im Hennegau gebracht.

Die für England bestimmten Passagiere fuhren mit einem Schiff nach Southampton, ein Sonderzug brachte sie nach London. Wer keine Verwandten in England hatte, kam ins Kitchener Camp in der Nähe von Richborough.

3
Heijplaat und das Lloyd Hotel

Am Morgen des 18. Juni verließen die 181 für Holland bestimmten Passagiere die St. Louis. Ein Rundfahrtboot brachte sie nach Rotterdam. Diese Fahrt durch endlose Schleusen vorbei an der Stadt Dordrecht dauerte beinahe neun Stunden. Wir alle hatten Körbe mit koscherem Picknick bekommen; für uns Kinder war es eine Vergnügungsfahrt. Das Ziel war die Quarantänestation von Heijplaat. Hier brachte die Fremdenpolizei Flüchtlinge aus Deutschland unter. Mit unserer orangefarbenen angesteckten Blume – zum Zeichen, dass wir auf Einladung von Königin Wilhelmina kamen – verschwanden wir hinter dem Stacheldraht von Heijplaat. Wir wussten nicht, dass wir unsere Freiheit für die nächsten sechs Jahre verloren hatten und dass die meisten von uns, auch meine Eltern, die Freiheit nie wieder erlangen sollten.

Wir kamen in große Schlafsäle. Männer, Frauen und Kinder getrennt. Ruth und ich kamen in einen Kindersaal. Schon in den ersten Tagen wurde ich von einem der vielen Wachhunde gebissen. Ich wurde im Arztzimmer von einer der Krankenschwestern verbunden.

Nach sechs Wochen Heijplaat kamen wir nach Amsterdam. Meine Großeltern, die über 65 Jahre alt waren, durften frei leben, und für ihre Versorgung gingen meine Tante Rosi und Ruth mit ihnen. Sie wohnten zur Untermiete in der damaligen Zuider Amstellaan, jetzt Rooseveltlaan, finanziell unterstützt von der jüdischen Gemeinde in Amsterdam. Die meisten Passagiere, darunter auch meine Eltern und ich, kamen in das Lloyd Hotel an der Oostelijke Handelskade im Hafen von Amsterdam. Das Lloyd Hotel, damals eine Kaserne, war für durchreisende Flüchtlinge aus Deutschland und Polen umgebaut worden. Es gab provisorisch abgeteilte Kammern für Familien. Außerdem einen großen Speisesaal mit großer Küche. Grund für unsere Internierung war die zu der Zeit große Arbeitslosigkeit und Armut in den Niederlanden. Das Essen bekamen wir im Lloyd Hotel aus der Armenküche. Es kam in großen Metallbottichen an und wurde im Speisesaal auf Blechteller gefüllt.

Unsere Ankunft im Lloyd Hotel stand unter keinem guten Stern. Mama meldete sich in der Küche, um zu helfen, und hatte schon in den ersten Tagen das große Pech, mit der Hand in die elektrische Brotmaschine zu kommen. Zum Glück heilte ihre Hand, aber sie hatte einen gewaltigen Schock bekommen; sie war so *»absent minded«* wie viele Jahre später, als Papa auf Transport nach Auschwitz geschickt wurde. Wochenlang musste sie ihren Arm in einer Schlinge tragen. Kurz danach passierte auch mir ein Unglück. Ich wollte eines der zweieinhalb Meter hohen Schiebefenster nach oben schieben, als das Fenster auf meine rechte Hand fiel, die zu Brei zerquetscht wurde. Ich wurde im Arztzimmer behandelt und musste dann mit einem dicken Verband herumlaufen. Auch meine Hand heilte nach ein paar Wochen.

Der große Schlafsaal war für die Familien in kleine Kammern unterteilt worden, wobei die Decke jedoch offen blieb. So bekam man notgedrungen alle Geräusche aus den anderen Kammern mit. Später zogen wir in das sogenannte kleine Lloyd Hotel um, das einige Häuser weiter in derselben Straße stand. Dort bekamen nicht alle Familien ein Zimmer, einige mussten in kleineren Schafsälen schlafen. Wir schliefen anfangs auch in Schlafsälen, Mama und ich bei den Frauen und Papa bei den Männern. Später bekamen wir ein eigenes Zimmer im Parterre mit einem Fenster nach Süden, wo die Güterwaggons rangierten. Die Nordseite war die Hafenseite.

Eine Ausgeherlaubnis, ein sogenannter Urlaubspass, um das Gebäude verlassen zu dürfen, musste beim niederländischen Kommandanten beantragt werden. Beim Verlassen des Gebäudes und beim Zurückkommen musste dieser Pass gezeigt werden. Diese Erlaubnis gab es einmal pro Woche. Wir schulpflichtigen Kinder hatten eine tägliche Erlaubnis und gingen unter Begleitung eines älteren Jungen – er hieß Martin – per Bus und Straßenbahn zu einer Grundschule. Wir Kinder waren: Martin und Judith Mendel, ihre Cousine Suse Levenbach, Renate Weltmann, Alex Gruber und ich.

Diese Schule war die sogenannte »Übergangsschule« für Immigrantenkinder. Der Direktor war Herr Reens. Die Schule lag in der Dufaystraat, einer Seitenstraße der Lairessestraat, und war in einer einzigen Etage (der obersten) der Valeriusschool untergebracht. Unser Schulweg mit Bus und Straßenbahn dauerte über eine Stunde. Wir mussten zuerst die Eisenbahngleise überqueren, kamen dann in die Czaar Peterstraat, wo wir den Bus zur Centraal Station nahmen, und von dort fuhren wir mit der Straßenbahn Linie 16 bis zur Schule. Wir lernten nichts anderes als Rechnen und die holländische Sprache. In den Pausen spielten wir bei gutem Wetter auf der Dachterrasse des Schulgebäudes. Die Kinder der Valeriusschool spielten in ihren Pausen unten auf dem Schulhof.

Herr Reens war ein junger jüdischer Mann, der Verständnis für uns Kinder vom Lloyd Hotel hatte. Die Lehrkräfte interessierten sich sehr dafür, was für Butterstullen wir mithatten; schließlich waren wir internierte Kinder. Um 4 Uhr, nach Schulschluss, ging es wieder mit Straßenbahn und Bus zurück. Der Weg zu Fuß von der Czaar Peterstraat zur Oostelijke Handelskade über die Eisenbahngleise dauerte etwa 15 Minuten.

Mit Alex Gruber, meinem Klassenkameraden aus dieser Zeit, spielte ich nach der Schule immer auf dem Eisenbahngelände hinter dem Lloyd Hotel zwischen und in den rangierenden Güterwagen. Alex, mein unvergessener Spielkamerad, ist in der Hölle von Auschwitz umgekommen. Einmal in der Woche gingen wir zum Duschen in das Stadtbad bei der Mühle. Dann mussten wir denselben Weg über die Gleise nehmen und zum Zeeburgerdijk laufen.

Drei von uns Kindern, Martin und Judith Mendel und Suse Levenbach, durften sich noch 1939 auf der anderen Seite der Oostelijke Handelskade – am Hafen – mit ihren Eltern in die USA einschiffen!

Die Glücklichen hatten mit ihren Eltern ein Visum für die USA bekommen und sind so dem Totentanz des Holocaust entgangen.

Meine Eltern und ich brachten sie zum Schiff. Meinen Vorschlag, als blinde Passagiere an Bord zu bleiben, lehnten meine Eltern brüsk ab: »Wir können Opa und Oma, Tante Rosi und Ruth nicht allein zurücklassen«, war ihre Antwort.

Zu uns etwa zehn Kindern kam jede Woche eine sehr dicke, freundliche jüdische Dame ins Lloyd Hotel, Frau Pool. Sie gab uns Englischunterricht und übte englische Lieder mit uns ein für eine Vorführung zu Chanukka, dem Lichterfest, im Winter. Sie tat es mit viel Liebe und Hingabe, und ich kann mich jetzt noch an die Texte erinnern. Alex sang solo:

I am a little nigger boy
And truly not a daw.
My hair is washy-whity wool
And always in a raw.
For I was born in niggerland …

Alex sang es sehr hübsch. Er hatte einen schwarzen Wuschelkopf und braune Augen. Renate Weltmann, ein sehr zartes Mädchen, sang auch solo:

I come from gay Japon-pon-pon
Tralalalalalala …

Sie war eine kleine Japanerin. Auch sie durfte aus den Holocaustlagern nicht zurückkehren. Alle zusammen sangen wir:

Six nice little dolls are we
With faces made of wax.
With six little heads
On six little wigs.
All made of hampen flax.
With twelve little bright little eyes,
You never yet have seen.
Six very very very very
Merry merry merry merry
Nice little dolls are we.

Alfred Walter, meine erste Liebe, der Lehrer in Berlin gewesen war und sich nun mit seiner Mutter im Lloyd Hotel aufhielt, übte hebräische Lieder für die Aufführung am Chanukka-Abend mit uns ein.

Alfred Walter ging jeden Schabbat mit seinem Ausgehpass zu einer Synagoge, und ich lief ihm ohne Pass wie ein Windhund hinterher bis zum Anfang der Sarphatistraat. Wenn er sich umdrehte und nach mir rief, lief ich blitzschnell wieder zurück ins Lloyd Hotel. Was tut man nicht alles aus Verliebtheit …

Am Chanukka-Abend bekamen wir Kinder alle ein Geschenk. Ich bekam eine Puppe, die ich mir so sehnlichst gewünscht hatte, weil meine eigenen Puppen in den Liftkisten steckten. Ich war eine begeisterte Puppenmutter.

Alle 14 Tage bekamen meine Eltern vom jüdischen Flüchtlingskomitee einen Gutschein für eine warme Mahlzeit am Schabbat im Restaurant Färber an der Nieuwe Achtergracht, ganz in der Nähe vom Joodse Invalide. Wir brauchten zu Fuß etwa eine Stunde dorthin. Das kleine Restaurant befand sich in einer Wohnung in einer oberen Etage; das polnisch-deutsche Ehepaar Färber war wunderbar freundlich und strahlte Wärme aus. In zwei Zimmern standen kleine Tische. Wir durften von dieser delikaten Schabbatmahlzeit so viel essen, wie wir wollten. Meine Eltern waren von der kargen Armenküche ziemlich ausgehungert. Wir Kinder bekamen anderes Essen.

Nach der Mahlzeit bei Färber liefen wir meistens noch einmal eine Stunde bis zur damaligen Zuider Amstellaan, wo meine Großeltern und Tante Rosi und Ruth in zwei Mansardenzimmern zur Untermiete wohnten. Dort verbrachten wir dann einige gemütliche Stunden, und ich spielte mit Ruth. Wir gingen dann wieder etwa

2 Stunden zu Fuß zurück zum Lloyd Hotel, auch wenn wir, wenn der Schabbat früh genug zu Ende war, durchaus die Gelegenheit gehabt hätten, mit öffentlichen Verkehrsmitteln zu fahren.

Für meine Eltern, die niemals zuvor finanzielle Sorgen gekannt hatten, muss das sehr bedrückend gewesen sein, genau wie das Essen auf den »Freikarten«!

Mehrere Male während unseres Aufenthalts im Lloyd Hotel 1939/1940 besuchten wir auch Papas älteste Schwester Regina Dobschiner.[4] Sie wohnte mit ihrem Mann – einem Niederländer –, zwei Söhnen und der Tochter Hanna-Ruth in Amsterdam-Oost. Mein Onkel Dobschiner war arbeitslos, und die Familie lebte sehr bescheiden. Meine Cousins sind bei den allerersten Razzien im Februar 1941 verhaftet worden und bald danach in Mauthausen ums Leben gekommen. Auch mein Onkel und meine Tante, die später auch nach Westerbork kamen, sind in den Holocaustlagern umgekommen.[5] Nur Hanna-Ruth, die bei einem Pfarrer untergetaucht war, hat die Nazizeit überlebt.

4
Lager »Kamp Westerbork«

Als die deutschen Truppen am 10. Mai 1940 auch die Niederlande besetzten, wurden die Juden, die bereits interniert waren, so wie wir im Lloyd Hotel, ins schon zuvor von niederländischen Juden errichtete Lager »Kamp Westerbork« in der Provinz Drenthe überführt.

Mama, Papa und ich nahmen Abschied von Oma, Tante Rosi und Ruth. Ich glaube, dass dieser Abschied vor allem für Mama sehr schwer gewesen ist. Wir reisten mit dem billigsten Transportmittel dieser Zeit: mit dem »Zuiderzee-Boot«, das hinter der Centraal Station anlegte. Wir fuhren über das damalige Zuidermeer nach Meppel in Drenthe, und von dort ging es per Lastwagen nach Westerbork. Diese Reise dauerte 12 Stunden und war für mich ein Erlebnis, nicht aber für meine Eltern, die der Zukunft voller Sorgen entgegensahen.

Auf nach Drenthe
Heißt es wieder
Und der Schreck fährt durch die Glieder
Ja, da heißt es Koffer packen;

Gibt's nichts zu weinen
Nichts zu lachen
Ja, da rennt man hin zum Comité
Doch da heißt's auch nur:
Oh weh, oh weh!

(Der weitere Text ist mir nach 47 Jahren entfallen.)

Text und Melodie dieses Liedes wurden schon im Sommer 1939 von deutsch-jüdischen Emigranten verfasst, den ersten, die die Aufforderung erhalten hatten, nach Westerbork zu gehen. Auch meine erste Liebe, Alfred Walter, war schon mit seiner Mutter in Westerbork, als wir im Juni 1940 dort ankamen. Im Laufe meiner Teenagererzeit habe ich mich nacheinander in alle meine Lehrer und Jugendleiter verliebt …

Unsere Reise ins Lager »Kamp Westerbork« machten wir zu mehreren, unter anderem mit einer Familie Geber aus Leipzig. Die Familie Geber bestand aus einer Mutter, zwei Töchtern und einem jüngeren Bruder. Leider ist keiner von ihnen aus den Holocaustlagern zurückgekehrt. Margot, die zweite Tochter, war so alt wie ich und ein sehr nettes Mädchen. Im Gegensatz zu mir war sie überhaupt nicht schüchtern und ist schon am Tage nach unserer Ankunft im »Kamp Westerbork« Mitglied des sogenannten Schülerkreises geworden – ein sehr aktives Mitglied sogar.

Westerbork ist ein niederländisches Projekt, bestimmt

für deutsche Juden, da in den Dreißigerjahren große Arbeitslosigkeit in den Niederlanden herrschte. Das Lager wurde 1939 zum Teil von deutsch-jüdischen Flüchtlingen gebaut, und 1940 befanden sich dort ungefähr 750 Menschen, verteilt auf 50 Baracken, Familienbaracken und Junggesellenbaracken. Es gab Junggesellenbaracken mit kleinen Schlafsälen für unverheiratete Männer, und es gab Baracken mit winzig kleinen Wohnungen, das bedeutete einen Eingang von einmal zwei Metern, der mit einer Anrichte und einem Ausguss mit fließend kaltem Wasser die Küche darstellte, einem Wohnzimmer von etwa zweimal drei Metern und einem winzigen Hinterzimmer für ein Bett oder ein Stapelbett für zwei Kinder. Die Betten im »großen« Zimmer dienten tagsüber als Couch. Familien mit mehr als vier Personen bekamen die gleiche Wohnung, aber mit zwei winzigen Hinterzimmern.

In der Mitte jeder Baracke waren der Speisesaal und die Barackenküche, wo sowohl das warme Essen als auch die Brotmahlzeiten ausgeteilt wurden. Ursprünglich sollte das Essen gemeinsam dort eingenommen werden. In der ersten Zeit geschah das auch. Aber nach und nach wurde es zur Gewohnheit, dass die Familien ihre warme Mahlzeit in Töpfen von der Barackenküche abholten und dann zusammen mit ihren Familien in ihren Wohnungen aßen. Eine Duschbaracke lag im Zentrum des Lagers, wo die Barackenbewohner ihrer Barackennummer nach eingeteilt wurden, um einmal in der Woche zu duschen.

Es gab fast das ganze Jahr über Wind- und Sandstürme in Westerbork, und wir hatten immer mit dem Sand aus der Heide zu kämpfen, der bis in unsere Wohnungen drang. Von Juli 1940 bis Juli 1942 stand das Lager unter der Verwaltung des niederländischen Justizministeriums. Erst im Juli 1942 wurde es von den Deutschen übernommen, was *die* große, alarmierende Veränderung bedeutete.

Als wir im Juni 1940 dort ankamen, stand das Lager also unter niederländischer Verwaltung, und der Kommandant war ein Niederländer namens Schol. Schol war ein guter Kommandant, antideutsch und anti-Nazi. Er versuchte, es den Menschen so angenehm wie möglich zu machen. Er erteilte Genehmigungen auf allerlei Anfragen, wie zum Beispiel Sonntagsausflüge des Schülerkreises in die Wald- oder Heideumgebung.

Der *Schülerkreis,* gegründet von Leo Blumensohn – einem 21-jährigen Jungen aus Frankfurt – und vom Kommandanten Schol bewilligt, musste diesen Namen tragen, weil offiziell keine Jugendvereine bestehen durften, schon gar nicht später, 1942, unter SS-Verwaltung. Leo opferte hierfür seine ganze Freizeit. Zu Beginn kümmerte sich der Schülerkreis nur um Kinder von 10 bis 16 Jahren, später durften auch Jüngere und Ältere dazukommen. Ich hatte Wochen und Wochen nötig, um den Schritt zu tun, Mitglied zu werden. Als ich mich endlich bei Leo anmeldete, sagte er in feinstem Frankfurter Dialekt: »Der Schülerkreis is kei Taubeschlag, wo mer ein-

und ausflieje kann.« Es machte einen gewaltigen Eindruck auf mich.

Wir wohnten zuerst in Baracke 47, die an der äußersten östlichen Seite des Lagers lag. An der äußersten westlichen Seite lag die Schulbaracke, in der Mitte war die Zentralküche, wo das warme Essen in Dampfkesseln gekocht und in Metallbehältern auf Wagen zu den Baracken transportiert wurde. Es gab eine Krankenbaracke mit Dr. Spanier als leitendem Arzt, den meine Mutter noch aus Berlin kannte und der mit seiner Familie auch Passagier auf der St. Louis gewesen war. Neben dem Krankenhaus lag eine Poliklinik mit Ärzten, die alle Lagerbewohner waren. Schwerkranke kamen in der Zeit von Kommandant Schol ins Krankenhaus nach Assen. Es gab auch eine zahnärztliche Poliklinik. Dort arbeiteten anfangs nur zwei Zahnärzte: unser geliebter Zahnarzt Dr. Lieblein und Dr. Wolf, der später die SS-Offiziere behandelte und dadurch sein Leben rettete. Das ist Dr. Lieblein und seiner jungen Frau mit Baby leider nicht gelungen. Weil er Charakter hatte und sich weigerte, die SS-Leute zu behandeln, wurde er im Herbst 1944 kurz nach der Geburt seines Töchterchens »auf Transport geschickt«, wie es damals hieß, zuerst nach Theresienstadt und dann ins Todeslager Bergen-Belsen, wo er ums Leben kam.[6] Dasselbe Bergen-Belsen, wo auch Anne Frank gestorben ist.

Außerdem gab es noch eine Baracke mit einem großen Saal für bunte Abende und Theateraufführungen, der auch ab und an als Synagoge diente. An der anderen Seite des Hauptwegs lagen die Villen, die ursprünglich für die niederländische Lagerleitung, wie Kommandant Schol, bestimmt waren, später für den SS-Lagerkommandanten und andere hochrangige SS-Funktionäre.

Kurze Zeit nach unserer Ankunft in Westerbork zogen wir in die Baracke 15 um, mehr im Zentrum des Lagers gelegen. Mein Vater wurde Barackenleiter von Baracke 15 und Baracke 12, einer Junggesellenbaracke. Barackenleiter sein, das war eine verantwortungsvolle Aufgabe. Ein Barackenleiter musste alles für seine Baracke regeln und organisieren, wie zum Beispiel Tische, Betten, Stühle für jeden, Lebensmittelversorgung und vieles mehr. Mama teilte in der Barackenküche, direkt neben dem Speisesaal, das Essen und die Brotmahlzeiten aus und auch die Milchportionen für die Kinder.

Ich ging in die Lagerschule und tat das mit viel Vergnügen. Es gab drei Schulklassen für das Alter von 6 bis 15 Jahren und ich saß in der höchsten Klasse für Kinder von 12 bis 15 Jahren. Herr Kaufmann war unser Klassenlehrer. Er war von Beruf Lehrer. Die wenigen richtigen Lehrkräfte, die es in Westerbork gab, unterrichteten alle in der Schule, dazu auch einige Rechtsanwälte und andere Akademiker. Frau Schönfeld war unsere ausgezeichnete Englischlehrerin und Dr. Cohn, ein Rechtsanwalt, gab Biologie und Physik. Alfred Walter, der auch von Beruf Lehrer war, gab Unterricht in der untersten Klasse. Wer über 15 Jahre alt war, musste arbeiten. Keiner der genannten Lehrkräfte ist aus der Hölle der diversen Holocaustlager zurückgekommen.

Herr Borger, der nach dem Krieg nach Manchester gezogen ist, war das Schulmilch-Männlein, das täglich auf einem Wagen mit Gummireifen die Schulmilch brachte.

Die Zusammenkünfte des Schülerkreises – wir nannten sie Sichoth – fanden am Schabbatnachmittag statt, jedes Mal im Speisesaal einer anderen Baracke. Da saßen wir dann im Kreis auf Stühlen, lasen aus einem Buch oder diskutierten und sangen hebräische Lieder, die Leo uns beibrachte. Davor hatten wir immer einen Jugendsynagogendienst, die Mincha.

Der Sonntagnachmittag war unser Sportnachmittag. Meistens spielten wir auf einem Grasfeld, das zwischen den Baracken angelegt war, Völkerball. Ich war darin ziemlich schlecht. An den Sportnachmittagen trugen wir alle unsere blauen Overalls.

Von allen Zusammenkünften gab es Protokolle, die abwechselnd von Mitgliedern des Schülerkreises geschrieben wurden, die sich dafür gemeldet hatten. Daraus entstand die »Chronik«, die zu einem dicken Buch geworden ist. Diese Chronik ist verloren gegangen, weil Leo sie bis Auschwitz bei sich hatte. Dank Fritz Buchhalter, der jetzt in Jerusalem lebt (im November 1990 erhielt ich die traurige Nachricht, dass er an einer schweren unheilbaren Krankheit gestorben ist), ist ein Teil der Chronik erhalten geblieben und neu geschrieben worden, sodass man Einzelheiten aus unserem Schülerkreis und unsere Erfahrungen und Erlebnisse darin nachlesen kann. Fritz hat nämlich 1947 in einem Sanatorium in Davos, wo er sich nach den Holocaustlagern zur Genesung aufhielt, einen Rückblick auf die Zeit des Schülerkreises zusammengestellt. Dafür konnte er Protokolle von Mitgliedern benutzen, die bis zur Befreiung in Westerbork bleiben durften.

Fritz war ein sehr begabter und intelligenter und vor allem musikalischer Junge. Er hat mit seiner schönen, klaren Stimme oft solo gesungen und auch in den Jugendsynagogendiensten vorgedawent (das bedeutet: vorgebetet). Er hat auch manchmal für den Schülerkreis Lieder komponiert.

So intelligent er war, so bescheiden war er auch – im Gegensatz zu vielen Altersgenossen im Lager. Wir werden ihn in treuer Erinnerung behalten.

Leo Blumensohn hat den Kindern von Westerbork, die Mitglieder des Schülerkreises waren, ein Ideal vermittelt, nach dem sie streben konnten, und Inhalt für ihr Leben mitgegeben. Der Schülerkreis war so wichtig für uns Kinder, dass wir eigentlich nur in dieser Welt lebten und den Krieg und die großen Sorgen und Ängste unserer Eltern nicht bewusst erlebt haben. Das geht deutlich aus der Chronik hervor, worin kein einziges politisches oder bedrohliches Ereignis innerhalb des Lagers erwähnt wird – bis zum Beginn der Transporte im Juli 1942. Die Angst und Spannung vor jedem Transport trafen auch uns.

Mirjam Levin aus unserer Baracke, die auch mit ihrer Mutter und ihren beiden älteren Schwestern auf der St. Louis gewesen war, wurde meine Freundin. Sie hat mit ihren Schwestern das *Austauschlager* Bergen-Belsen überstanden und lebt jetzt in Kalifornien.

Baracke 14, die unserer Baracke 15 gegenüberlag und wo auch Sonni Birnbaum mit ihren Eltern und Geschwistern lebte und auch die Mutter von Alfred Walter, war auch die Wohnbaracke der großen Familie Cohn. Edith Cohn wurde auch meine Freundin. Nach 1942 musste Frau Walter in einem winzigen Nebenzimmer in der Wohnung der Familie Cohn wohnen. Die ganze Familie Cohn ist in den Holocaustlagern ums Leben gekommen.

Sehr oft machte ich eine Stippvisite bei der alten Frau Walter. Sie brachte mir bei, wie man die Fersen von Socken strickt, weil wir das im Handarbeitsunterricht in der Schule gerade machten. Diese Socken wurden in der LAWA, im *Lagerwarenhaus,* verkauft.

Die Organisation von Westerbork sah folgendermaßen aus:[7]

Es gab verschiedene Teile. Eine *Lagerkommandantur* mit Administration und als Ranghöchster Kurt Schlesinger, der in unserer Baracke wohnte und auf freundschaftlichem Fuß mit meinen Eltern stand. Bis Juli 1942 war seine Funktion vergleichsweise harmlos, danach wurde er der Mann, der über Leben und Tod entschied, er war nämlich der Leiter der Registratur und damit verantwortlich für die Zusammenstellung der Transporte. Trotz des freundschaftlichen Verhältnisses zu meinen Eltern ließ er sich im Januar 1944 von der inständigen Bitte meiner Mutter nicht erweichen, uns aus dem »Vorrangs«-Transport nach Theresienstadt herauszunehmen. Schlesinger kam nach dem Krieg in ein niederländisches Gefängnis.

Die *Außenkommandos,* damit waren diejenigen Personen gemeint, die auch außerhalb von Westerbork arbeiteten.

Die *Registratur:* Für jeden Lagerbewohner gab es eine Karte.

Das *Wohnungsbüro* half bis Juli 1942 Menschen dabei, eine Unterkunft zu finden, und eventuell auch beim Wohnungstausch. Danach diente es als Barackenzuweisung für alle neuen Transporte, die ankamen.

Lagerwarenhaus und *Lagerkantine:* Hier konnten die Menschen einkaufen. Nach Juli 1942, mit Beginn der Transporte, wurden dort auch Kleider und Schuhzeug der bereits transportierten Menschen verkauft.

Ein *Arbeitsdienst* mit dem *Dienstleiter,* Herrn Samson, dem Vater von Sigi, der ein sehr aktives Mitglied im Schülerkreis und später dessen Leiter war.

Der *Ordnungsdienst* (OD): Bis Juli 1942 war das eine Art Lagerpolizei, danach wurde es die jüdische SS mit ihrem *Dienstleiter* Herrn Pink, der nach dem Krieg aus den Niederlanden ausgewiesen wurde. Bis Juli 1942 bestand der OD – dessen Mitglieder grüne Overalls trugen – aus 20 Mann. Nach Oktober arbeiteten dort mehr als 60 Mann, die bei allen Internierten verhasst waren. Sie taten Dienst bei den abgehenden Transporten.

Die *Fliegende Kolonne,* abgekürzt FK, trug braune Overalls. Sie empfing ankommende Transporte, ließ Menschen registrieren, begleitete sie in ihre Baracken und durchsuchte das Gepäck, auch das zurückgebliebene Gepäck nach einem Transport, auch öffnete sie die Pakete derer, die schon auf Transport gegangen waren.

Das *Postamt:* sortierte Briefe, die ein- und ausgingen, sowie ankommende Pakete.

Der *Jüdische Rat* bestand aus einem alten Dienstleiter, Dr. Wachtel. Dr. Wachtel hat den Krieg nicht überleben dürfen. Er ging zusammen mit uns im Januar 1944 auf den »bevorzugten« Transport nach Theresienstadt. Damals war eine Liste von Bevorzugten zusammengestellt worden, wofür mein Vater sich als *Frontkämpfer* mit einer Auszeichnung aus dem Ersten Weltkrieg gemeldet hatte.

Die *Antragstelle* mit Dienstleiter Dr. Ottenstein. Hier wurden Anfragen für Aufschub von Transporten gestellt.

Der *Medizinische Dienst* mit Dienstleiter Dr. Spanier, einer umstrittenen Figur. Nach dem Krieg lebte er mit seinen Zwillingstöchtern in den USA, ist aber inzwischen gestorben. Er stammte aus Düsseldorf, wie auch Lagerkommandant Gemmeker, bei dem er deshalb eine starke Stellung hatte. »Er bestimmte über Leben und Tod«, sagt ein Kollege. Das Unmenschliche im Lager war, dass einige Personen in führender Position über das Schicksal von Mitjuden bestimmen mussten. Die Patienten des Krankenhauses, die auf Transport gehen mussten, wie auch das Pflegepersonal, wurden von Doktor Spanier bestimmt. Auf seinem Höhepunkt verfügte das Krankenhaus über 1720 Betten, 120 Ärzte und 1000 Menschen an Personal.

Der *Innendienst:* Hierunter fielen Barackenleiter, Saalleiter, Reinigungsdienst, Essenholer und so weiter.

Der *Außendienst* waren Personen, die auf zum Kamp gehörenden Ländereien arbeiteten.

Die *Küchenbetriebe* bestanden aus einem Koch, Küchenhelfern und so weiter.

Der erste Schritt, den Mama mit mir in Westerbork unternahm, war der Weg zum Zahnarzt Dr. Lieblein, der meine letzten Milchzähne zog. Dieses Ereignis verlief freundlich und ohne Mühe oder Schmerzen und hinterließ daher einen bleibenden guten, tiefen Eindruck bei mir. Wir wurden im Laufe der Jahre in Westerbork regelmäßige Patienten und Freunde von Dr. Lieblein und seiner netten Frau, die ihm assistierte. Auch sie wohnten später in unserer Baracke 15.

Inzwischen war auch ich aktives Mitglied im Schülerkreis geworden und verliebte mich nun in Leo Blumensohn. Eine meiner Freundinnen wurde Ruthild Grünthal aus Breslau. Auch sie war mit ihren Eltern, ihrer Schwester Sybille, Onkel und Tante und zwei Cousins auf der

St. Louis gewesen. Ich bewunderte Ruthild wegen ihrer außergewöhnlichen Intelligenz und Reife. Sie korrespondierte mit dem blinden Rechtsanwalt Dr. Ludwig Kohn, auch aus Breslau, der damals noch frei in Amsterdam lebte. Seine Briefe las sie oft bei unseren Schabbat-Zusammenkünften vor.

In der Zeit vor Juli 1942, unter Kommandant Schol, galten unter anderem folgende großzügige Bestimmungen:

1. Schwerkranke durften zur Aufnahme oder Untersuchung in das Academisch Ziekenhuis in Assen.
2. Für den Schulunterricht und für die Jugend kam Salo Carlebach aus Amsterdam, ein speziell ausgebildeter jüdischer junger Mann aus einer großen Hamburger Rabbinerfamilie. Er reiste hin und her. Nach einiger Zeit blieb er freiwillig in Westerbork. Er gab Unterricht in der Schule und wurde auch die große Stütze und ein Ratgeber für Leo und den Schülerkreis. Er organisierte eine Jugendminjan (einen Jugendsynagogendienst) und brachte uns neue jüdische und deutsche Lieder bei. Viele jüdische Lieder komponierte er selbst. Zum Beispiel das Schülerkreislied:

Hatora, Hatora hie chajenu,
Ha'emet, ha'emet hie diglenu,
Ha'achdut, ha'achdut, hie kochenu,
Hasichron, hasichron tikwatenu.

Die Thora, die Thora ist unser Leben,
Die Wahrheit, die Wahrheit ist unsere Flagge,
Die Einheit, die Einheit ist unsere Kraft,
Die Erinnerung, die Erinnerung ist unsere Hoffnung.

Text und Melodie machte er selbst, auch von folgendem Lied, an das ich mich noch gut erinnere:

Hoi ad matai, Hoi ad matai
Jichjeh amenu belie moledet,
Nah wenat baolam?
Ad ascher hitachdu le'am,
Ad ascher jischmeru datam,
Wejaschuwu l'arzam, Wejaschuwu l'arzam!

Hoi, wie lange noch, hoi wie lange noch
wird unser Volk ohne Vaterland leben,
Unstet und flüchtig in der Welt?
Bis sie sich zu einem Volk vereinigen werden,
Bis sie ihren Glauben in Acht nehmen werden,
Und in ihr Land zurückkehren werden!

Er lehrte uns, Lieder im Kanon zu singen, er selbst dirigierte. Salo Carlebach war außergewöhnlich begabt und musikalisch und ein Vorbild für uns alle. Dem Schülerkreis hauchte er neues Leben ein und richtete auch neue Gruppen für die jüngere und für die ältere Jugend ein. Alle Gruppen bekamen ihren Namen aus dem Schülerkreislied. Unsere Gruppe wurde »Tikwatenu«, das heißt Hoffnung, genannt. Die Jungensgruppe desselben Alters hieß »Sichron«, was Gedenken oder Erinnerung bedeutet. Die deutschen Lieder, die er uns beibrachte, hatten klassische Texte von Schiller und Goethe, zum Beispiel:

Keiner sei gleich dem andern,
Doch gleich sei jeder dem Höchsten.
Wie das zu machen? Es sei
Jeder vollkommen in sich.

Oder:

Eines schickt sich nicht für alle!
Sehe jeder wie er's treibe,
Sehe jeder, wo er bleibe,
Und wer steht, dass er nicht falle!

Wer bis dahin noch nicht Mitglied des Schülerkreises war, wurde es jetzt. Wir waren alle wild begeistert. Sehr viele Kinder vom Schülerkreis waren aktiv und populär, wie zum Beispiel »Sa-Ka-Vrie«, die drei engen Freunde Sigi Samson (Sohn des Dienstleiters), Günther Katz (der nicht mehr lebt) und Paul de Vries, der jetzt in Israel lebt. Auch Sigi wohnt in Israel.

Populäre Mädchen waren Margot Gebert, mit der wir über die Zuiderzee nach Westerbork gekommen waren, und Doris Moses, ein sehr frühreifes Mädchen. Ich selbst war sehr schüchtern und trat nicht so in den Vordergrund. Diese Schüchternheit machte mir sehr zu schaffen. Natürlich war ich inzwischen verliebt in Salo Carlebach, und ich war bestimmt nicht die Einzige.

Es war 1941 und noch war Kommandant Schol Herrscher über Westerbork. Unsere Eltern, die *alten Lagerinsassen,* hofften auf baldigen Frieden, und im Kamp herrschte noch eine Atmosphäre von relativer Ruhe und Ausgeglichenheit. Alles ging seinen normalen täglichen Gang – jedenfalls für uns Kinder: täglich Schule, die Schabbat-Zusammenkünfte und sonntags Sport. Wir begannen und beendeten unsere Zusammenkünfte mit dem von Salo komponierten Schülerkreislied. Unsere ursprünglich einzige Gruppe von Jungen und Mädchen wurde nun geteilt in die Jungengruppe Sichron und die Mädchengruppe Tikwatenu, zu der ich gehörte. Unser *Madriech* (Leiter) war Leo, während Sichron aufeinanderfolgend mehr oder weniger gute Leiter bekam. Achduth wurde die jüngste Gruppe, Dann gab es noch die mittleren Gruppen Chaweriem und Chaweroth. Die Gruppe für die Ältesten hieß Atied. Sie war für Jugendliche ab 14 Jahren. Salo Carlebach bekam Gruppe Sichron und außerdem die Gesamtleitung zusammen mit Leo.

Im Laufe des Jahres 1941 kam als einer der ersten Transporte die *Hachscharah* (eine Hachscharah war ein Vorbereitungszentrum für die Emigration ins damalige Palästina) aus Franeker nach Westerbork. Es waren etwa

20 Personen im Alter zwischen 16 und 20 Jahren. Auch der ältere Bruder von Sigi Samson war dabei, Schlomo Samson, ein feiner Kerl, viel netter als sein eingebildeter Angeberbruder. Schlomo lebt jetzt in Israel im Kibbuz Schluchoth im Emek-Beth Scha'an-Tal und ist mehrfacher Großvater und Urgroßvater. Er ist Leiter der Schulengemeinschaft des Emek-Jesre'el-Gebietes. Er hat, genau wie die Familie Birnbaum mit ihren sechs Kindern, das sogenannte Austauschlager Bergen-Belsen überlebt. Sigi ist mit seinen Eltern – sein Vater war Dienstleiter Gruppe Arbeitsdienst – bis zur Befreiung in Westerbork geblieben und lebt jetzt mit seiner Familie in Haifa, Israel.

»Papi« und »Mamsi« Birnbaum sind inzwischen vielfache Urgroßeltern und außerdem die angeheirateten Großeltern meiner Tochter Maniou. Leider ist »Mamsi« jetzt, da ich dies schreibe – im Juli 1990 –, vor einigen Wochen gestorben.

Zurück ins Jahr 1941: Ruthild Grünthal wurde meine Freundin, die ich auf einen Sockel stellte; so sehr bewunderte ich ihre außergewöhnliche Intelligenz. Sie wurde auch Schülerkreismitglied.

Es gab auch getaufte Juden im Lager, ebenfalls alte Kampinsassen. Sie wohnten in einer separaten Baracke und wurden von uns *Schülerkreislern* verachtet und »Geschmatte« (Getaufte) genannt. Eine Klassenkameradin von uns war auch eine Geschmatte, Ingrid Pagener.

Das Purimfest in diesem Jahr wurde vom Schülerkreis ganz groß gefeiert, mit einer Preisverleihung für die beste Verkleidung. Den ersten Preis gewannen Sigi Samson, Günther Katz und Paul de Vries, die Vater, Mutter und Baby im Kinderwagen darstellten.

Das Leben in Westerbork ging weiter. Zu einem meiner Geburtstage bekam ich von Papa und Mama ein Tischchen, das sie für mich hatten zimmern und anmalen lassen. Daran konnte ich dann in dem kleinen Zimmerchen ungestört meine Hausaufgaben machen.

Unser Hausarzt – es gab genügend Auswahl an Ärzten – war Doktor Bial, eine älterer, sehr vertrauenswürdiger Arzt vom alten Schlag. Bei meinen vielen Spulwurmanfällen, bei denen ich starke Bauchschmerzen hatte, kam Doktor Bial vorbei, und sein Rezept war: rohe Karotten essen. Vor dem Juli 1942 konnten wir die aus der Zentralküche holen.

Es gab zwei Rabbiner unter den alten Lagerinsassen, Rabbiner Frank und Dr. Augapfel. Sie führten für uns einen eigenen Jugendsynagogendienst ein. Der Chefkoch der Zentralküche war Herr David, und für unsere speziellen Feiertagszusammenkünfte bekamen wir oft Karotten von ihm, Rettich, Salatgurken und Kartoffeln für Kartoffelsalat, vor allem für unsere Sukkoth-Mahlzeiten. Wir durften beinahe jedes Jahr unsere eigene Sukka (Laubhütte) aus Holzabfall bauen. Die Erlaubnis hierfür bekamen wir von Kommandant Schol.

Leopold Klein mit Tochter Hannelore, Nichte Ruth und zwei anderen Kleinen

Hannelore, ein Jahr alt

Hannelore und Ruth, 1930

Großmutter Malchen Tannenbaum mit Hannelore und Ruth, 1930

Vier Generationen: Malchen Tannenbaum, Tochter Rosi mit Baby Ruth, Urgroßmutter Marianne Schloss (Malchens Mutter)

Luise und Leopold Klein mit Tochter Hannelore. Ferien in Johannisbad/ Tschechoslowakei, Juli 1937

Purim in der Schule, 1935. Letzte Reihe fünfte von rechts: Hannelore. Mittlere Reihe fünfte von rechts: Mary Offentier

Schule Fasanenstraße, 1936. Letzte Reihe zweite von links: Hannelore, Reihe davor zweite von links: Ruth Friedmann. In der Mitte mit kleinem weißem Kragen: Tante Freundlich, rechts von ihr: Mary Offentier

Die St. Louis, an Bord Hannelore und ihre Eltern, Großeltern, Tante Rosi und Cousine Ruth verlassen den Hamburger Hafen, 13. Mai 1939. Foto United States Holocaust Memorial Museum. Zur Verfügung gestellt von Vera Karliner

Am 27. Mai erreicht die St. Louis Havanna. Angehörige der Passagiere warten in kleinen Booten auf die Ausschiffung. Foto Corbis

Het Lloyd Hotel lag aan de voorkant tegenover de haven, die eindeloos was en tenslotte in de oceaan uitliep.
Tegenwoordig is er aan de Handelskade geen haven meer, alleen een smalle waterstraat met aan de overkant het Java eiland.

Het Lloyd Hotel

Het Lloyd Hotel

Dit was de hoofd-ingang van het Lloyd Hotel.
Nu worden achter het Lloyd Hotel hoge flatgebouwen neergezet. →

48

Seite aus Hannelores Manuskript. (Oben: *Das Lloyd Hotel lag an der Vorderseite, gegenüber dem Hafen, der sich endlos hinzog und schließlich in den Ozean mündete. Jetzt gibt es an der Handelskade keinen Hafen mehr, sondern nur einen schmalen Wasserlauf, gegenüber Java Eiland.* handschriftlicher Text: *Dies war der Haupteingang des Lloyd Hotel. Jetzt werden hinter dem Lloyd Hotel hohe Etagenhäuser gebaut*)

Chanukkazusammenkunft. Von rechts nach links: Margot Goldberg. Vera Berberich, Doris Moses, Nachmann Scheinowitz

Schabbatzusammenkunft in der Sukka (Laubhütte)

Horatanz am Sonntagnachmittag

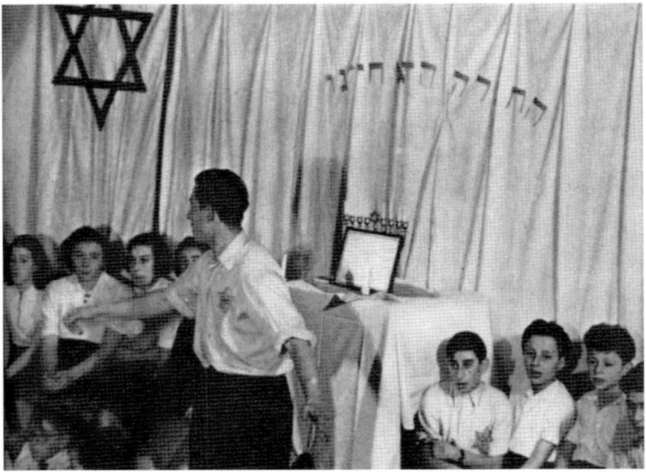

»Leo Blumenthal übt Lieder mit uns ein«
Foto aus: Dr. J. Presser, De vervolging en verdelging van het Nederlandse Jodendom 1940–1945 (Den Haag, 1965)

Der *Schülerkreis*, Westerbork, 1943. Mittlere Reihe zweite von links: Hannelore. Untere Reihe fünfte von links: Ruth

Luise, Hannelore und Leopold Klein vor Baracke 15. Westerbork

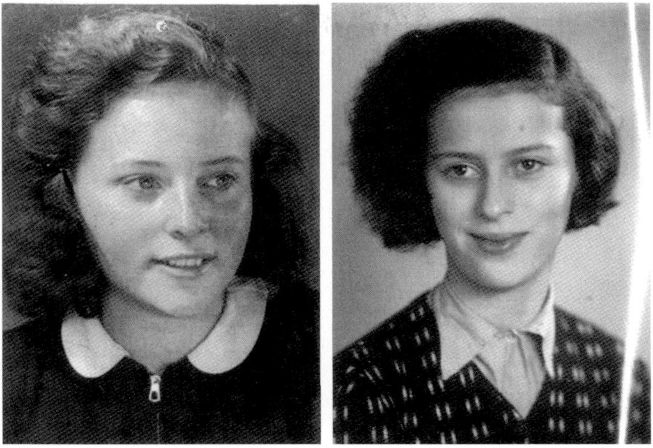

Westerbork, 1943. Hannelore und Ruth.

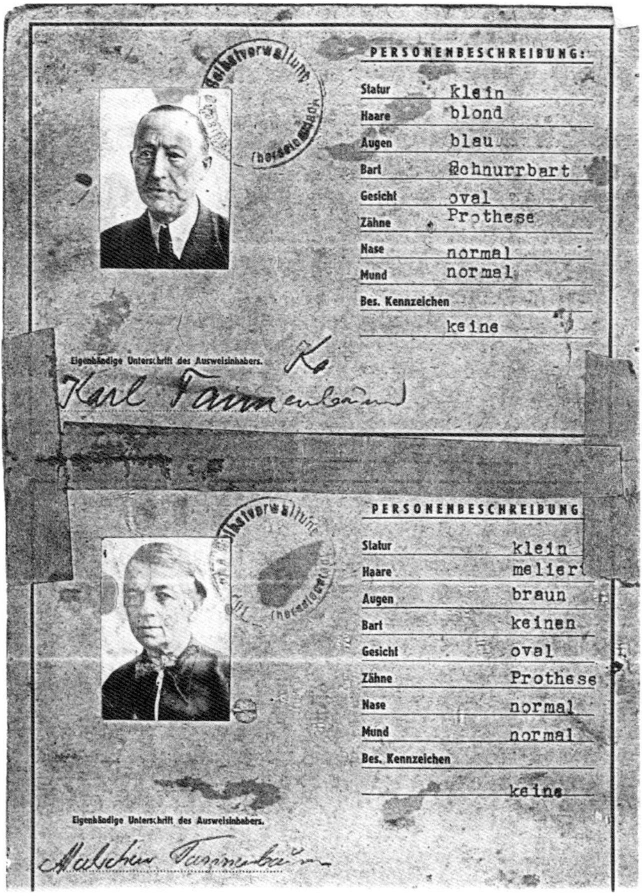

Ausweise Karl und Malchen Tannenbaum,
Theresienstadt, 1944

GHETTO THERESIENSTADT
Der Ältestenrat

Tr. Nr. 715-XXIV/2
wohnt Lange Str.5/228

G. Z. 9733/44

Ausweis.

Name u. Vorname: Tannenbaum Karl I.

geboren am: 13.12.75 *in* Mansbach *Staatsang.:* staatenlos

Heim. Gemeinde: -- *Stand:* verheiratet

letzte Wohnadresse: Westerbork

wird in Theresienstadt unter Tr. Nr. 715-XXIV/2 *im Stande geführt.*

Dieser Ausweis wurde auf Grund der Transportliste, der Familienkartei und der eidesstattlichen Erklärung des Ausweisinhabers ausgestellt.

Theresienstadt, am 10.8.1944.

Der Ältestenrat

GHETTO THERESIENSTADT
Der Ältestenrat

Tr. Nr. 716-XXIV/2
wohnt Lange Str.5/19

G. Z. 9734/44

Ausweis.

Name u. Vorname: Tannenbaum,geb.Schloss Malchen S.

geboren am: 24.6.78 *in* Gleicherwiesen *Staatsang.:* staatenlos

Heim. Gemeinde: -- *Stand:* verheirate

letzte Wohnadresse: Westerbork

wird in Theresienstadt unter Tr. Nr. 716-XXIV/2 *im Stande geführt.*

Dieser Ausweis wurde auf Grund der Transportliste, der Familienkartei und der eidesstattlichen Erklärung des Ausweisinhabers ausgestellt.

Theresienstadt, am 10.8.1944.

Der Ältestenrat

Mamas Abschiedsbriefchen vom 4. Oktober 1944,
mit Notizen von Opa.

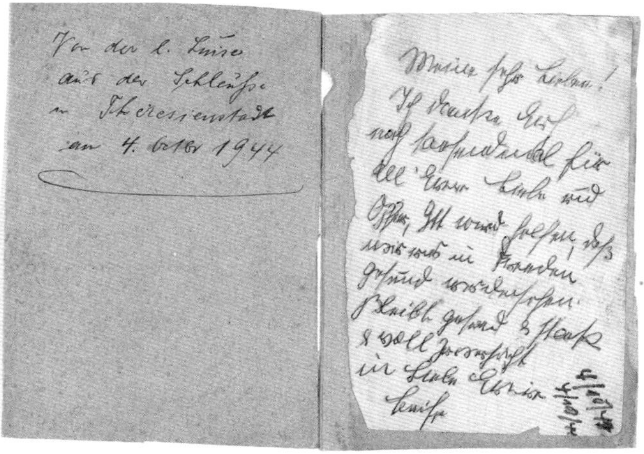

Von der l. Luise aus der Schleusse in Theresienstadt am 4. Oktober 1944

Meine sehr Lieben! Ich danke Euch noch tausendmal für all Eure Liebe und Opfer, Gott wird helfen, daß wir uns in Frieden gesund wiedersehen. Bleibt gesund & stark & voll Zuversicht, in Liebe Eure Luise

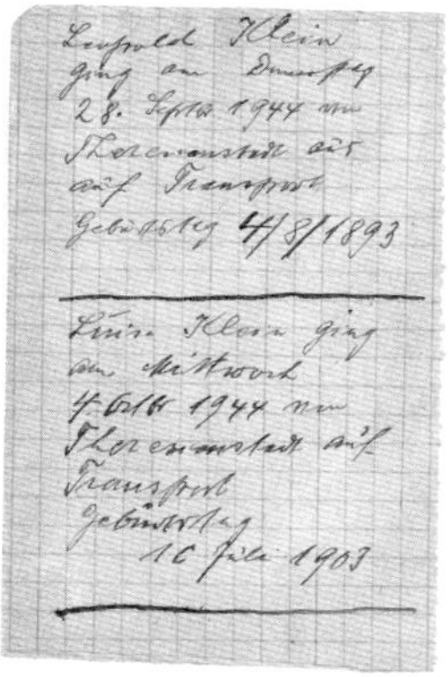

Leopold Klein ging am Donnerstag, 28. September 1944, von Theresienstadt aus auf Transport. Geburtstag 4.8.1893. Luise Klein ging am Mittwoch, 4. Oktober 1944, von Theresienstadt auf Transport. Geburtstag 16. Juli 1903.

Das Repatriierungslager Pignerolles bei Angers, September 1945.
Sitzend von links nach rechts: Hannelore, Mine Rolef, Ruth Kramer.
Stehend: Lilo Jäger, Leo Schnoy, Elsbeth Levy, Lilo Hirsch

Hannelore, Opa und Ruth, Herbst 1945 in Amsterdam

Hannelore an der Nähmaschine in »Oma Van Coevordens corsettenatelier« in der Apollolaan in Amsterdam, 1947

Hannelore mit zwei älteren jüdischen Mädchen und Oma Van Coevorden im »Corsettenatlier«, Amsterdam, 1947

Hannelore in Netanja (Israel), 1950

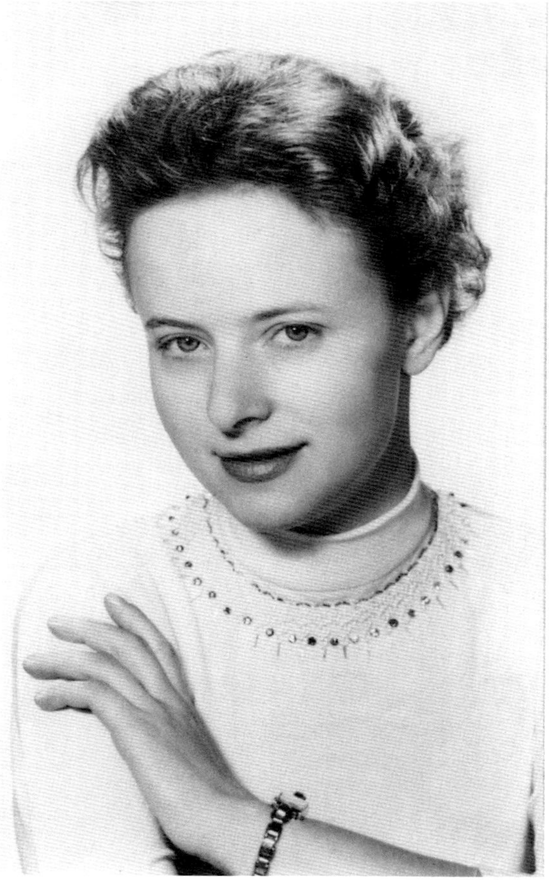

Hannelore Klein, Amsterdam, 1956

Bis zum Juli 1942 ging Salo sehr oft für Einkäufe nach Amsterdam. Er durfte frei reisen, wie ich schon erwähnt habe, da er als Lehrkraft für Westerbork angefordert worden war. Der Schülerkreis hatte jetzt fünf Gruppen von je etwa 15 Kindern. In jeder Gruppe wurden alle paar Monate zwei *Wa'adoth* (Vorstände) gewählt, die alles für die Gruppe organisieren mussten. Von Zeit zu Zeit hatten wir eine *Asefah Kelaliet* (eine allgemeine Konferenz). Salo ließ uns eine *Tachtonah* und eine *Emza'iet Bechinah* machen (ein Examen auf mittlerem und eins auf höherem Niveau). Die Emza'iet fand am 3. Janauar 1942 statt. In dieser Zeit kam auch ein Transport deutscher Juden aus Hilversum an. So bekam der »Bund« (wie wir uns auch nannten) neue Mitglieder, unter anderem Erika Herz, Jo Seelmann, Isabelle Wachenheimer, Vera Berberich und viele andere.

Mitte Januar 1942 kamen Transporte aus Zaandam. Wir vom Schülerkreis taten freiwilligen Hilfsdienst als Fliegende Kolonne und begleiteten die Neuankömmlinge mit ihren Sachen zu den ihnen zugewiesenen Baracken. Zufällig war ich eingeteilt, um Herrn Erwin Krieg und seine Frau in ihre Baracke zu bringen. Ich sollte später in meinem Leben noch näher mit ihnen in Kontakt kommen.

Das Purimfest des Jahres 1942 fiel auf den Monat März, und Salo teilte uns mit, dass wir gemeinsam mit einigen Erwachsenen einen Theaterabend vorbereiten durften.

Unser Theaterstück *Ein fideler Bauer* dauerte eine Stunde. Salo und Leo, die auch Regie führten, hatten es gemeinsam verfasst. Der Abend fand im »großen Saal« statt und war ein großer Erfolg.

Am 14. März 1942 feierte der Schülerkreis sein zweijähriges Bestehen. An diesem Tag wurden die neuen Chaweriem aus Hilversum und Zaandam als Mitglieder bei uns aufgenommen. Anstelle von Leo bekamen wir Rachel Brandweiner als Leiterin. Rachel war mit der Franeker Hachscharah nach Westerbork gekommen. Sie war als Leiterin nicht besonders gut geeignet, aber ein sehr nettes Mädchen.

Die Gruppe Chaweriem wurde nun geteilt in Chaweriem und Chaweroth (Freunde und Freundinnen). Die Leiterin wurde Regina Stein, die ältere Schwester von Trudi. Die Leiterin der jüngsten Gruppe blieb Ruth Geber, Margots Schwester, mit der wir zusammen über die Zuidersee nach Westerbork gekommen waren. Inzwischen waren auch die Insassen eines Waisenhauses aus Amsterdam in Westerbork angekommen.

Und dann kam der Juli 1942 … Aus Kamp Westerbork wurde *Lager* Westerbork mit irgendeinem *Sturmbannführer* als Lagerkommandanten, später dann Lagerkommandant Gemmeker. Das Lager Westerbork wurde *Durchgangslager,* und jeden Dienstag gingen die so sehr gefürchteten Transporte gen Osten – für viele der sichere Tod. Sogar bei uns Kindern herrschte eine gedrückte

Stimmung, obwohl wir dieses Jahr Leos Geburtstag ganz groß feierten. Er wurde 21 Jahre alt.

In dieser Zeit der großen Sorgen machten mir meine kleine Sorgen, wie zum Beispiel das Erröten, viel zu schaffen. Ich wurde knallrot, wenn ich verliebt war, aber ich wurde auch knallrot, wenn irgendjemand etwas geklaut hatte, und litt höllische Qualen. Es wurde so schlimm, dass Mama trotz aller anderen viel größeren Sorgen eines Tages mit Salo darüber sprach. Salo versuchte, mir zu helfen, indem er das Beispiel von zwei Menschen gab, die beide etwas Schlimmes erleben. Der eine schreit vor Kummer seine Schmerzen heraus, der andere bleibt in seinem Kummer allein und in sich gekehrt und schweigt. Ich begriff, was er meinte. Er hatte mich damit einigermaßen beruhigt …

Unsere dunklen Vorahnungen bewahrheiteten sich, die bereits genannten »Dienstagstransporte« nahmen ihren Anfang am 14. Juli 1942. Das Waisenhaus musste auf Transport gehen und damit acht Chaweriem von uns; auch Rachel Brandweiner. Freiwillig meldete sich wie ein Held Salo Carlebach, um die Waisenkinder nicht im Stich zu lassen. Sie sind alle, ohne Ausnahme, in der Holocausthölle umgekommen. Zusammen mit Salo Carlebach kamen sie direkt nach Auschwitz und wurden gleich nach ihrer Ankunft vergast. Salo war nicht kräftig, er hatte nur eine Niere. Wir werden ihn niemals vergessen!

Von da an kamen jede Woche Transporte aus den ganzen Niederlanden nach Westerbork, und jeden Dienstag – dem gefürchteten Tag der Woche – fuhren Transporte ab nach Auschwitz, Bergen-Belsen Austauschlager und Bergen-Belsen Totenlager, nach Theresienstadt et cetera. Mit den eintreffenden Transporten kamen eines Tages auch Papas Schwester Tante Regina und Onkel Leo Dobschiner. Sie blieben nur einige Tage in Westerbork, um sofort wieder auf Transport zu gehen. Auch sie sind niemals zurückgekommen. Meine Cousine Hanna-Ruth, ihre Tochter, hat sich durch Untertauchen retten können. Sie lebt jetzt mit ihrer Familie in Glasgow.

Auch Opa und Oma und Tante Rosi und Ruth kamen im Laufe des Jahres 1942 in Westerbork an. Papa brachte sie in den Schlafsälen seiner Baracken 12 und 15 unter. Vor Juli 1942 waren das die Speisesäle gewesen. Ruth wurde natürlich auch *Chawerah* (Mitglied) des Schülerkreises, und Tante Rosi wurde Krankenschwester im Krankenhaus. Die Mädchen der Gruppe Tikwatenu waren inzwischen 14 Jahre alt geworden, und das bedeutete das Ende unserer Schulzeit, wir mussten nun arbeiten. Ich weiß nicht mehr, ob die Schule noch weiterexistierte, nachdem das Lager Westerbork nun unter das Kommando der deutschen SS gestellt wurde, mit *Oberscharführer* Gemmeker als Lagerkommandant.

Mama sprach mit Dr. Lieblein, dem uns ans Herz gewachsenen Zahnarzt. Ich durfte als angehende Zahnarzthelferin bei ihm arbeiten. Das war besser als jede andere

Arbeit; es machte mir Spaß, und ich war auch motiviert, obwohl ich in der ersten Zeit noch nicht recht begriff, wie man sich als Zahnarzthelferin benehmen muss. Wie oft musste Dr. Lieblein mich auf meine pechschwarzen Fingernägel aufmerksam machen. Er erklärte mir jede Behandlung, und ich lernte enorm viel und war sehr interessiert. Ich merkte, wie weit Dr. Lieblein als Zahnarzt und als Mensch seine Kollegen überragte. Zahnarzt Wolf behandelte alle SS-Leute des Lagers Westerbork, und De la Perra war ein blutjunger Zahnarzt mit seiner Frau, die ihm assistierte. Natürlich verliebte ich mich jetzt in Dr. Lieblein.

Jede Woche musste ich zu Dr. Spanier, um meine chronisch entzündeten Mandeln absaugen zu lassen. An ihnen blieben immer wieder Essensreste hängen, weil ihre Oberfläche zerfurcht war. In dieser Zeit kam alle paar Wochen eine jüdische Hals-Nasen-Ohren-Ärztin nach Westerbork, die eine spezielle Erlaubnis zum Hin- und Herreisen von Amsterdam hatte. Dr. Spanier schlug Mama vor, meine Mandeln von ihr operativ entfernen zu lassen. Mama entschloss sich, diesen Eingriff vornehmen zu lassen. Ich bin davon überzeugt, dass er mir später in den Holocaustlagern das Leben gerettet hat, weil es mir eine größere Überlebenschance gab.

Die Operation wurde mit örtlicher Betäubung durchgeführt; eine Vollnarkose gab es nicht. Ich hatte das Gefühl, ersticken zu müssen, als Dr. Velleman mit der Injektionsnadel in meine Kehle stach. Ich wusste aber, dass ich da hindurchmusste, und zeigte mich nach der Operation daher auch sehr dankbar gegenüber Dr. Velleman. Ich blieb einige Tage in einer der Krankenhausbaracken, und Tante Rosi, die ja Krankenschwester war, besuchte mich sehr oft.

Mama und Papa kamen abends. Bald erholte ich mich wieder und konnte meine Arbeit bei Dr. Lieblein wieder aufnehmen. Von allen Zahnärzten dort hatte Dr. Lieblein die meisten Patienten, und seine Praxis war von morgens bis abends gut besucht.

Mit den ankommenden Transporten kamen auch zahllose renommierte Ärzte und Zahnärzte nach Westerbork, unter ihnen Dr. Sanders, ein berühmter Zahnarzt aus Den Haag. Dr. Lieblein bat ihn um Rat für mein Gebiss, das eine kieferorthopädische Regulierung benötigte. Mithilfe von Dr. Sanders konstruierte der ebenfalls berühmte Zahntechniker Lucjan Dornfelt eine fantastische Spange. Damit wurden mein Gaumen und mein Oberkiefer systematisch vergrößert, wodurch die Zähne sich jetzt schön in Reih und Glied aufstellten. Mama freute sich am meisten darüber, denn sie war sehr sorgsam und eitel für mich.

Zwei meiner Freundinnen wurden auch Zahnarztassistentinnen, Mirjam Levin bei Dr. Wolf und Fanny Münzer bei Dr. De la Parra.

Es gab eine Quarantäne für Personen mit ansteckenden Krankheiten, und es gab eine Strafbaracke für »Straffälle«, Menschen, die von irgendwo geflüchtet waren oder Widerstand gegen das Naziregime geleistet hatten.

Es wurden Babys geboren und es starben Menschen.

In unserer Baracke wohnte das junge Ehepaar Luft. Herr Luft war *Essenträger* für unsere Baracke. Sie waren auch alte Lagerinsassen. Frau Luft brachte am Ende ihrer Schwangerschaft, über die sie so froh gewesen war, ein totes Kind zur Welt. Die Lufts waren ungeheuer deprimiert, und auch ich war nachhaltig erschüttert.

Als 1942 die ersten Transporte abgingen, wurden allerlei Listen erstellt, um Menschen vor den Transporten zu bewahren. Dr. Wachtel, der auch ein *Lagerinsasse* war und zum Jüdischen Rat gehörte, hatte eine Liste von *Frontkämpfern* mit Auszeichnungen aus dem Ersten Weltkrieg aufgestellt. Er selbst stand auch auf der Liste. Papa fand, dass er sich melden sollte, obgleich Mama dagegen war. Papa war ein gutgläubiger *Jecke* (bedeutet: naiver, deutscher Jude). Auch mein Opa kam auf diese Liste.

Es wurde ein *Lagerkabarett* eingerichtet, weil Lagerkommandant Gemmeker Kabarett liebte. Inzwischen waren sehr viele Künstler und Kleinkünstler in Westerbork angekommen. Willy Rosen, Kurt Gerron, Camilla Spira, Max Ehrlich und noch viele andere. Sie gehörten alle zur *Dienstgruppe Bühne.* Ihre hauptsächliche Belohnung war natürlich die vorläufige Freistellung von den Transporten. Die bedeutendsten Mitarbeiter erhielten später das Recht, anstatt in den Osten (Auschwitz) nach Theresienstadt abtransportiert zu werden und von dort nach Auschwitz.

Es wurden regelmäßig Vorstellungen gegeben, woran

auch die Lagerinsassen mit Eintrittskarten teilnehmen durften. Glücklich derjenige, der eine Karte ergattern konnte, denn diese Kabaretts waren mindestens ebenso gut wie unter normalen Umständen.

Das Leben in Westerbork hatte seit Juli 1942 wirklich den Charakter eines Lagers bekommen. Natürlich durfte der Schülerkreis keine Ausflüge mehr in die Umgebung unternehmen. Die Transporte jeden Dienstag waren eine bedrückende Sorge für jeden, denn die Angst, auch auf die Transportliste zu kommen, war groß.

Die Befehle lauteten:

60-stündige Arbeitswoche.

6 Uhr aufstehen.

6.50 Uhr Appell, draußen auf einem großen Grasfeld.

7 Uhr Arbeitsbeginn.

12.15 bis 13.35 Uhr Mittagspause.

Weiterarbeiten bis 17.30 Uhr.

Gemmeker hatte den Ehrgeiz, aus Westerbork ein *Musterlager* zu machen. Mit 14 Jahren mussten auch wir Kinder bei der normalen Arbeitseinteilung mitmachen.

Vom Appellstehen in dem oft sehr nebligen Heideklima bekam ich Anfälle von Nervenschmerzen an der Stirn. Dr. Bial empfahl, Fett auf die Stirn zu schmieren und einen warmen Schal darüber zu binden. Aber oft war ich so krank vor Schmerzen, dass ich mich ins Bett legen musste, um die Attacke auszuschlafen.

Eine sehr einschneidende Maßnahme, welche die uns

so sehr geneidete Privatsphäre von uns alten Lagerinsassen ankratzte, war, dass die Familien nicht mehr Alleinbewohner ihrer Wohnung bleiben durften. Wir mussten von jetzt an die 1 ½ Zimmer mit einer weiteren Familie teilen. Eine Familie pro Zimmer. In mein kleines Hinterzimmerchen, das ich bisher allein bewohnt hatte, wurde jetzt die Familie Buchhalter einquartiert, Fritz mit Vater und Mutter. Kurz danach zogen Fritz und seine Eltern wieder um, und wir bekamen Vera Berberich mit ihrer Mutter. Auf Wunsch von Mama durfte mein Bett in ihrem Zimmer stehen und diente tagsüber als Couch, und nachts schlief ich bei ihnen.

Gemmeker hatte aus Westerbork tatsächlich ein Musterlager gemacht. Es wurden gut 100 000 Juden gen Osten zur *Endlösung* der Juden geschickt. Herr Kurt Schlesinger, der schon vor Juli 1942 einen organisatorischen Posten in Westerbork bekleidete, war jetzt zum ersten *Dienstleiter Abteilung Lagerverwaltung* aufgestiegen. Er hatte ein beachtliches Mitspracherecht beim Zusammenstellen der Listen für die abgehenden Transporte. Kurzum, er war der meistgefürchtete Mann in Westerbork. Er wohnte mit seiner Frau in unserer Baracke 15. Ich fand ihn unheimlich und fürchtete mich vor ihm mit seinen schwarzen Lederstiefeln und dem Hitlerbärtchen.

Die Menschen aus den ankommenden Transporten kamen erst zur Registratur. Das ging so von Juli 1942 bis Ende 1944, da hörten die Transporte auf, die in die Holocaust-Vernichtungslager rollten. Über einen Zeitraum von zweieinhalb Jahren haben sich 100 000 Menschen übergangsweise im Durchgangslager Westerbork aufgehalten.

In der Zeit der Angst und Spannung vor den Transporten sorgten die Kabarettvorstellungen, die Kommandant Gemmeker zu sehen wünschte, für etwas Ablenkung. Es gab auch ein Lagerorchester mit 30 Orchestermitgliedern. Und natürlich gab es unsere Schülerkreisaktivitäten. Leo, der jetzt Leiter von neun Gruppen war, hat in seinem Einsatz und seiner großen Hingabe nie nachgelassen. Wir hatten Gastredner aus den ankommenden Transporten, wie zum Beispiel Frau Asscher-Pinkhoff, die Kinderbuchautorin, und Rabbiner de Hond. Er sprach über »Ertragen und Singen«. Leider mussten wir auch von ihm nur zu bald Abschied nehmen. Auch Dr. Klee und sein Schwiegersohn, Dr. Goslar – leitende Zionisten aus Deutschland –, hielten Vorträge. Tante Rosi hatte in Amsterdam bei Dr. Goslar im Haushalt geholfen, als seine Frau bei der Geburt des jüngsten Kindes gestorben war.

Es gab regelmäßig Synagogendienste an Schabbat – und an Feiertagen, sowohl für Erwachsene als auch für die Jugend. Wir feierten alle jüdischen Feiertage intensiv und Thora-getreu. Wir bauten sogar in der schwersten Zeit eine Laubhütte, hielten Freitagabend- und Schabbat-Feiern ab, auch in den großen Durchgangsbaracken, sodass die Menschen dort auch etwas von der Schabbat- und Feiertagsatmosphäre empfinden konnten.

Auch Mama und Papa machten von der ersten Woche an etwas Festliches aus den Freitagabenden und dem Schabbat, solange das möglich war. Mama backte für Freitagabend Palatschinken, das sind Pfannkuchen, aufgerollt mit Quark, »Melintjes« genannt, die uns herrlich schmeckten. Sie backte sie auf einer kleinen elektrischen Kochplatte.

Wir hatten auch einen Hausfreund, der jeden Freitagabend aus seiner Junggesellenbaracke zu uns kam. Dr. Heinemann, ein junger Frankfurter Rechtsanwalt, auch er ein alter Lagerinsasse. Papa oder er sagten den Kiddusch. Wir hatten natürlich keinen Wein, sondern nur irgendeinen Ersatz.

Das Leben ging weiter – wie ich schon schrieb –, und es wurden auch Kinder geboren in Westerbork. Lehrer Kaufmann bekam sein erstes Kind, ein Töchterchen. Dr. Lieblein bekam sein erstes Kind, auch ein Töchterchen. Eine große Familie mit Namen Weisz aus Wien bekam einen Nachkömmling, Karlchen, mit großen, schwarzen, mandelförmigen Augen. Keines dieser genannten Kinder hat den Krieg überleben dürfen. Sie sind alle in den Holocaustlagern umgebracht worden.

Ich war ein hübsches, aber sehr kindliches Mädchen, und auf die Avancen meiner Schülerkreisfreunde ging ich nicht ein. Sehr zum Bedauern von Mama, die mich gern etwas »fortgeschrittener« gesehen hätte. Einer der Jungens brachte mir regelmäßig etwas aus seinen Lebensmittelpäckchen, die er aus Amsterdam bekam. Ich fragte Mama: »Wie kann ich mich nur revanchieren?« Und Mama sagte: »Geh mit ihm spazieren.« Aber sogar das war mir zu viel, weil mich der Junge nicht interessierte. Ich weiß nicht einmal mehr, wie er hieß, so wenig Eindruck hat er auf mich gemacht.

So verging die Zeit … und wir Schülerkreisler lebten unser eigenes Leben mit unseren eigenen Sorgen und Freuden. Natürlich drückten die wöchentlichen Transporte an allen Dienstagen auch auf unser Leben einen traurigen Stempel. Aber die Nachrichten über das Kriegsgeschehen, die unsere Eltern über die »JPA« (die Jüdische Presse Agentur, lies: Lagergerüchte) empfingen, glitten an uns vorbei. Die JPA war das einzige Nachrichtenbulletin für die Lagerbewohner. Es gab weder Zeitungen noch Radios.

Wir hatten jeden Schabbat-Nachmittag unsere Zusammenkünfte, bei denen wir sangen, Spiele spielten, das zuletzt geschriebene Kapitel der »Chronik« vorlasen, bei denen Leo seine selbst erdachten Geschichten von Chanan und David weiter erzählte.

Und das Jahr 1944 kam heran …

Schon Anfang Januar war bekannt geworden, dass am 18. des Monats ein großer Transport nach Theresienstadt gehen würde, mit den Menschen, die auf der Liste der bis jetzt *gesperrten Frontkämpfer* gestanden hatten. Diesmal traf es auch eine große Anzahl der vertrauten Leute vom Schülerkreis. Auch Leo Blumensohn, seine Eltern und seine Schwester würden gehen. Am Schabbat-Abend machten wir ein Abschiedsfest, wobei Dr. Goslar eine lange und gute Abschiedsrede hielt. Herr Fink sollte die Leitung des Schülerkreises von Leo übernehmen, und weiter wurden Margot Goldberg, Paul de Vries, Sigi Samson, Jaques Finkel und Doris Moses Leiter.

Mit auf Transport gingen: Jo Seligmann, Isabelle Wachenheimer, Trudi Stein, Ruth mit Tante Rosi, Opa und Oma und Papa, Mama und ich, auch Alfred Walter mit seiner alten Mutter und noch viele mehr.

Tante Rosi und Ruth hatten Papiere für Argentinien, weil Onkel Illy schon in Buenos Aires lebte und Opa auch Frontkämpfer gewesen war. Theresienstadt war ein sogenanntes *Vorzugslager.* Aber Mama vertraute diesem Vorzug nicht und ging noch zu Herrn Kurt Schlesinger, unserem Barackengenossen. Er hatte sich immer furchtbar freundschaftlich gegenüber Mama und Papa gegeben. Mama kam jedoch mit verheulten Augen von ihm zurück. Er war knallhart und unerbittlich geblieben, so wie es seinem Wesen eigentlich entsprach. Mama hatte völlig den Kopf verloren. Sie musste für uns alle drei packen.

Wir Kinder waren sehr neugierig auf das Neue, das uns erwartete, nicht ahnend, welches Elend es bedeuten würde. Ich fragte Mama, was für Kleider ich auf der Reise anziehen sollte. Mama riet mir zu dunklen Farben, damit meine Kleider auf der Reise nicht schmutzig würden. Ich wählte ein dunkelblaues, nicht besonders warmes Kleid, das mich natürlich in dem ungeheizten Zug nicht wirklich gegen die eisige Kälte des Januar 1944 schützen sollte.

Im Laufe des Jahres 1944 verschwanden auch mehrere Kabarettisten der Dienstgruppe »Bühne« aus Westerbork. Im September 1944 wurden alle Künstler auf Transport geschickt – als Dank für die vergnügliche Unterhaltung, die sie Obersturmführer Gemmeker geboten hatten. Keiner von ihnen ist aus der Hölle der Holocaustlager zurückgekehrt.[8]

Kabarettist Willy Rosen dichtete seinen Abschied von Westerbork so:

Abschied von Westerbork
Mein liebes Westerbork;
Ich muss nun von dir scheiden,
Eine kleine Träne lässt sich daher nicht
vermeiden.
Warst du auch öfter hart und ungemütlich,
Du bliebst doch letzten Endes immer friedlich …
Nun sag ich leise Servus, liebes Kesselhaus,
ein letzter Flötenton und dann ist's aus.
Leb wohl, mein Hinterzimmer mit dem kleinen Teppich,
Ich flüstre heute selber zu mir leise: nebbich.
Adieu, mein lieber »Stamppot« und mein »Vuilnisbak«,
Ich gehe auf die Wanderschaft mit Sack und Pack …
Manchen Transport sah ich von hier verreisen,
Und jetzt – jetzt wirft man selber mich zum alten Eisen …

In Westerbork kann mir nichts mehr passieren,
Ich gehe woanders Zores organisieren.

Und dann sitzt er im Zug:

Nun sitz ich im Coupé, gleich wird es pfeifen
Noch einmal lass' ich meinen Blick über die Gegend schweifen.
Nun weiß ich doch, ich leide Qualen,
Adieu, mein Westerbork, Post Hooghalen.

Er sprach uns aus dem Herzen. Wir waren vier Jahre in Westerbork gewesen, vier bedeutungsvolle Jahre meiner Kindheit!

5
Theresienstadt

Ich kenn ein kleines Städtchen,
ein Städtchen ganz tiptop,
ich nenn es nicht bei Namen,
ich nenn's die Stadt Als-ob.

Leo Strauss

Drei Tage und drei Nächte reisten wir durch die eisige Kälte des Januar 1944. Von der Reise selbst weiß ich nicht mehr viel. Ich trug das nicht sehr warme, dunkelblaue Kleid und holte mir auf diesem Transport eine schwere Erkältung.

Theresienstadt war eine alte Garnisonstadt aus dem Ersten Weltkrieg mit Basteien rund um die Stadt, die in Kriegszeiten als Schutzwall dienten. Die Basteien sind Bunker, überwachsen mit Gras und Bäumen, und sehen aus wie Hügel. Innen drin sind Luftschutzkeller, die in der Gettozeit als Gefängnis dienten. Die Transportzüge nach Theresienstadt passierten zuerst die Basteien. So auch wir am 21. Januar 1944.

Theresienstadt war ein Vorhof von Auschwitz. In normalen Zeiten hielten sich in Theresienstadt 7000 Menschen auf. Zu unserer Zeit waren es vor den großen Transporten 60 000 Menschen.

Die Kasernen trugen Namen deutscher Städte. Sie waren in Kubusform gebaut und hatten einen Hof in der Mitte und rundherum auf allen Etagen Arkaden. Dort schliefen die Menschen im Sommer auf ihren Matratzen, weil es drinnen wegen der Hitze und wegen des Ungeziefers nicht auszuhalten war.

Wir, der niederländische Transport, kamen in große Schlafsäle auf dem Dachboden der Hamburger Kaserne. Unsere Schlafstätte bereiteten wir uns auf dem Fußboden mit Decken und Laken, die wir selbst mitgebracht hatten. Ich lag nach der Reise sofort ungefähr eine Woche mit einer schweren Erkältung und hohem Fieber krank auf meinem Lager. Durch Schlaf und Ruhe genas ich wieder. Es gab genügend Ärzte aus all den Transporten, die aus den verschiedenen von den Deutschen besetzten Ländern Europas kamen.

Auf dem Innenhof der Kasernen gab es Wasserpumpen. Dorthin gingen Mama und ich, um unsere Laken – ohne Seife – zu waschen und sie später in den langen Galerien unserer Kaserne aufzuhängen. Das war natürlich nur bei gutem Wetter möglich.

Das Essen war schlechter als in Westerbork, und es gab auch weniger, und wir alle mussten unten im Kasernenhof mit unserem Essnapf Schlange stehen. Das Essen wurde aus großen Metallbottichen ausgeteilt. Außerdem bekamen wir pro Tag noch zwei Schnitten Brot mit ein bisschen Zucker oder Margarine. Jeder suchte in den Abfalleimern unten im Kasernenhof nach Essensresten und Gemüseabfall. Oft bekamen wir Buchteln. Das ist eine tschechische Spezialität aus Mehl und Hefe, worüber eine Art Kaffeesoße gegossen war. Es schmeckte gut, war aber als Hauptmahlzeit zu wenig.

Sehr bald mussten wir uns für Arbeit melden. Da hier schon alle Zahnärzte ihre Helferinnen hatten, meldete ich mich mit Ruth zusammen für den niederländischen Kindergarten an. Die Kinder mussten ja beschäftigt werden, während ihre Mütter arbeiteten. Ruth eignete sich ausgezeichnet dafür, weil sie gut mit Kindern umgehen konnte. Aber mir schienen die Stunden nur dahinzuschleichen, so schwierig fand ich anfangs diese Arbeit. Wir hatten kein Material und mussten die Kinder mit Kreisspielen und anderen Gruppenspielen beschäftigen. Karlchen Weisz, der noch in Westerbork geborene Dreijährige, wollte nie sein Mäntelchen ausziehen. »Es kann gestohlen werden«, sagte er immer wieder. Wir brauchten all unsere Überredungskünste, um ihn zu überzeugen, dass sein Mäntelchen gut aufgehoben war. Er schaute uns dann traurig aus seinen schönen, mandelförmigen, dunkelbraunen Augen an und glaubte uns doch nicht. Auch der kleine Petzoldt (ich meine, dass er aus einem Zaandam-Transport nach Westerbork gekommen war) war ein allerliebstes Kerlchen. Kurz vor dem Transport von Westerbork nach Theresienstadt hatte er noch ein zu früh geborenes Zwillings-Geschwisterpärchen bekommen, Robert und Lisa. Sie waren sehr schwach und wenig lebensfähig. Das sind zwei Namen von Knirpsen, die mir in Erinnerung geblieben sind. Alle Kinder sind, fast ohne Ausnahme, von Theresienstadt nach Auschwitz transportiert und ermordet worden.

Eine Woche nach unserem Transport kam ein zweiter Transport aus Westerbork an. In diesem Transport waren die Goldbergs und andere Chaweriem. Wir versuchten von jetzt an, auch in Theresienstadt Zusammenkünfte mit den Schülerkreislern abzuhalten und auch die Chronik weiterzuschreiben. Wir hatten doch Leo bei uns!

Es gab sehr viele Kunstmaler in Theresienstadt, die das Leben dort in ihren Zeichnungen und Gemälden festhielten, wie zum Beispiel Fritta (ein Tscheche), Fleischmann (ein deutscher Jude) und Jo Spier (ein Niederländer).

Papa und Opa waren »Aufpieker« geworden, Straßenfeger, die mit den spitzen Enden langer Stöcke Papier von der Straße aufpieksten. Mama wurde als Kinderversorgerin im tschechischen Waisenhaus eingeteilt, und Tante Rosi wurde Waisenhausversorgerin im niederländischen Waisenhaus. Die niederländischen Kinder waren in unserer Kaserne untergebracht und die tschechischen Kinder in einer anderen. Mama arbeitete sehr schwer.

Es gab in Theresienstadt Kleidergeschäfte mit getragener Kleidung von Verstorbenen oder auf Transport geschickten Menschen. Es gab auch ein Café, wo man gegen Gettokronen ein sogenanntes Tässchen Kaffee kaufen konnte. Wir taten das bei ganz besonderen Gelegenheiten, zum Beispiel bei Geburtstagen. Für Papa und Tante Reni, die beide am 4. August Geburtstag hatten, habe ich damals ein Gedicht gemacht, das ich im Café vortrug und den beiden Geburtstagskindern überreichte. Ich bekam viel Applaus von meiner Familie. Der Refrain des Gedichtes war stets »Theresienstadt«, und der Inhalt handelte vom Leben im Lager. Auch Papas Schwester Hertha und ihr Sohn Abi kamen zu den Geburtstagspartys ins Café. Wir hatten sie in der Dresdner Kaserne entdeckt.

Einmal verkaufte Opa seinen Ehering für ein Brot. Als er einige Wochen später eine Hose brauchte und die gegen Goldkronen kaufte, entdeckte er in der Hosentasche einen Ehering. Das Schicksal oder die Vorsehung oder G'tt – wie man will – hatten ihm den Ehering wieder in die Hände gespielt als Ersatz für den verkauften.

Mit dem dritten niederländischen Transport aus Westerbork kam der von mir so sehr verehrte Dr. Lieblein mit seiner Frau und seiner erst einige Monate alten Tochter Renée-Inès, so genannt nach den Zwillingstöchtern von Dr. Spanier, Chefarzt von Westerbork, der ihr Geburtshelfer gewesen war.[9] Trotz seiner außergewöhnlichen Fähigkeit als Zahnarzt hatte Dr. Lieblein nicht in Westerbork bleiben dürfen. Er hatte den Kürzeren gezogen gegenüber seinem so viel weniger fähigen Zahnarztkollegen, Dr. Wolff. Zahnarzt Wolff war willig gewesen, Lagerkommandant Gemmeker und all die anderen SS-Offiziere von Westerbork zu behandeln, was Dr. Lieblein abgelehnt hatte. Diese Standhaftigkeit hat Dr. Lieblein, seiner Frau und seinem kleinen Töchterchen das Leben gekostet. Sie sind alle drei im Herbst 1944 nach ihrem Transport von Theresienstadt nach Auschwitz umgekommen. Es heißt, dass Dr. Lieblein von Auschwitz ins Konzentrationslager Bergen-Belsen gekommen ist. Er habe auch dort kein Geheimnis aus seiner Gesinnung gemacht und sei von einem SS-Aufseher erschossen worden. Seine Frau und sein Töchterchen wurden in Auschwitz-Birkenau vergast.[10] Ich habe Dr. Lieblein und seine Frau sehr, sehr gern gehabt.

Theresienstadt wurde von einem sogenannten »Ältestenrat« verwaltet. Das waren Prominente, die auch »prominent«, nämlich in Zimmern, untergebracht waren. Im Ältestenrat saß unter anderem auch Leo Baeck, ein liberaler Rabbiner aus Berlin. Ruth und ich sollten noch auf höchst unangenehme Weise mit ihm Bekanntschaft machen.

Theresienstadt mit seinen blühenden Bäumen im Frühling – auch Obstbäumen – war keine hässliche Festungsstadt. Von Hunger getrieben, beschlossen Ruth und ich, nachts loszuziehen und etwas zu essen zu stehlen. Kartoffeln, falls möglich, aus den Kellern und Obst von den Obstbäumen, das natürlich nicht für die Gettobewohner bestimmt war. Die Keller schienen sehr gut bewacht und abgeschlossen zu sein. So kletterten wir für das Obst auf die Basteien und wurden von Wachsoldaten gepackt und zum Ältestenrat gebracht. Wir kamen zu Herrn Rabbiner Leo Baeck. Er war wütend und schalt uns aus und drohte: »Wenn das noch einmal passiert, dann lasse ich euch auf die Transportliste setzen!« Welch eine Erfahrung, dies aus dem Mund eines der angesehensten Männer des Ältestenrats zu hören!!!

Der Sommer 1944 war heiß. Es war unser erster und letzter Sommer in Theresienstadt. Die Nächte in den großen Schlafsälen der Kasernen oben unter dem Dach waren unerträglich. Durch die Wärme kamen die Wanzen aus allen Ritzen und Spalten der Mauern und verbreiteten einen ekelhaften Gestank. Sie setzten sich nicht nur auf die kargen Essensreste der Menschen, sondern auch auf die ausgemergelten Körper, wo sie große Stiche und Pickel hinterließen. In ihrer Verzweiflung flüchteten viele Menschen mit ihren Schlaf- oder Strohsäcken auf die flachen Dächer der Kasernen oder auf die offenen Galerien und schliefen so an der frischen Luft viel besser.

»Vom 16. August 1944 bis zum 11. September 1944 wurde Theresienstadt umgezaubert in eine Scheinwelt für die Kommission des dänischen Roten Kreuzes. Theresienstadt wurde das Hollywood der Konzentrationslager, ein unvorstellbares zynisches Schauspiel für das dänische Rote Kreuz, unter dem Titel: ›Hitler schenkt den Juden eine Stadt.‹ Es wurden Opern komponiert und einstudiert, Konzerte, Theaterstücke. Es war eine vollkommen unwirkliche Scheinwelt, in der die Juden gut ernährt, gemütlich, gut gekleidet, unbekümmert mitspielten in einer sauberen Umwelt, und der Henker von Theresienstadt, der später erhängte Oberscharführer Rahm, kleinen Jungen übers Haar streichelte und sie wie ein Vater an die Hand nahm.«

Aus: *Ondergang*, von J. Presser

Auch wir, der niederländische Kindergarten, bekamen den Auftrag, ein Theaterstück aufzuführen. Die Vorbereitungen für diese Scheinwelt begannen schon im April 1944. Ich stöberte aus der Bibliothek ein jüdisches Kinderbuch auf und machte für die Kinder (Durchschnittsalter drei und vier Jahre) ein einfaches Theaterstück daraus, mit ganz kurzen Sätzen, die die Kinder lernen mussten. Es begann ihnen Freude zu machen, und sie waren beschäftigt. Zu einer Aufführung ist es für diese niederländischen Kinder jedoch nicht gekommen.

Mit älteren Kindern wurde auch eine Kinderoper einstudiert, komponiert und geleitet von echten Künstlern. Musik und Text von *Brundibár,* dieser Oper, müssen noch existieren, denn am 4. Mai 1965 oder 1966, dem Gedenkabend vor dem Befreiungstag am 5. Mai in den Niederlanden, durfte ich bei Familie Guttmann aus der Rustenburgerstraat in Amsterdam die Oper im Fernsehen anschauen. Ich war sehr beeindruckt von dieser Kinderoper.

Danach ist *Brundibár* aus Theresienstadt in den Niederlanden nicht mehr aufgeführt worden – bis zum 4. Mai 1995, als sie in der Stadsschouwburg von Amsterdam zu sehen war.

> »Kaum war der Besuch des dänischen Roten Kreuzes vorbei, als sich die bösen Gerüchte über eine bevorstehende Deportation bewahrheiteten und sich eine der entsetzlichsten Katastrophen vollzog.«
> Aus: *Ondergang*, von J. Presser

Mit dieser über unseren Köpfen hängenden Katastrophe feierten wir – soweit man von Feiern sprechen kann – Rosch Haschana 5704 und auch Jom-Kippur (das jüdische Neujahrsfest und den Versöhnungstag). Der so gefürchtete Transport mit für uns noch unbekanntem Ziel wurde festgesetzt auf den Tag nach Jom Kippur, den 28. September. Nahezu alle niederländischen Männer mussten mit, außer den Senioren, wie mein Opa. Aber auch Männer aus deutschen und tschechischen Transporten gingen mit, darunter auch mein Vetter Abi, der Sohn von Tante Herta Loewenthal.

Mama war in den letzten Wochen des Herbstes 1944 in Theresienstadt, als Papa noch bei uns war, sehr krank gewesen. Sie hatte sich bei ihrer Arbeit im Waisenhaus eine

Infektion zugezogen, Diphtherie. In einer Isolierstation des Theresienstadt-Krankenhauses musste sie in Quarantäne. Sie wurde durch ausgezeichnete jüdische Ärzte und Schwestern versorgt, von denen es in Theresienstadt viele gab. Medikamente hingegen gab es leider nicht und auch keine vollwertige oder zureichende Krankenkost. Daher dauerte diese Infektion länger als gewöhnlich, und die Patienten wurden unnötig geschwächt.

Papa und ich gingen jeden Abend zum Fenster von Mamas Isolierstation, und dann standen wir mit der Glasscheibe zwischen uns und sprachen miteinander. In dieser schweren Zeit von Mamas Krankheit machte ich nach meiner Arbeit alles mit Papa gemeinsam. Meistens war es nicht viel mehr, als zu Mamas Fenster zu gehen. Ich schlief weiterhin im Saal der Hamburger Kaserne, wo auch Tante Rosi und Ruth schliefen, vielleicht auch Oma, aber das weiß ich nicht mehr so genau. Es waren für mich die allertraurigsten Wochen in Theresienstadt.

Nach ihrer Genesung musste Mama wegen starker Beschwerden zum Gynäkologen, der feststellte, dass sie ein Myom hatte. Zwar wurde auch operiert in Theresienstadt, aber der Arzt riet Mama vorläufig davon ab. Sie war von der Diphtherie noch zu sehr geschwächt. Tante Hertha, Papas Schwester, ließ sich wegen derselben Sache in Theresienstadt doch operieren und hat die Operation gut überstanden. Das war die Situation vor dem schrecklichen 28. September.

Papa war schon mit vielen anderen Männern durch die sogenannte *Schleuse* gegangen. Die *Schleuse* war das nördliche Hofportal der Hamburger Kaserne. In diesem tunnelartigen Portal standen Bewacher der jüdischen *Prominenz* von Theresienstadt und strichen die Namen der passierenden Personen durch, die auf Transport gingen. Draußen vor dem nördlichen Portal der Hamburger Kaserne waren die Eisenbahnschienen. Die Viehwaggons mit der Lokomotive standen schon bereit zur Abfahrt. Vor den Waggons liefen die hohen SS-Offiziere und auch Oberscharführer Rahm auf und ab. Das war also die *Schleuse.* Wenn jemand von der Liste vermisst wurde, durchsuchte man das ganze Lager nach dieser Person. Wenn die Suche ergebnislos war, mussten als Repressalie viele andere anstelle der Vermissten mit auf Transport.

An den Toreingang, der im Hof der Kaserne begann, durften wir, die Nichttransportgänger, niemals gehen. Die Viehwaggons standen bereit, um unsere Männer zu verfrachten. Mama hatte total den Kopf verloren vor Kummer und Schmerz. Sie schlug vor, dass ich als blondes hübsches Mädchen, mit Overall und rotem Kopftuch (der Lagerkleidung) irgendwie versuchen sollte, durch die *Schleuse* zu den Waggons zu gelangen, wo Oberscharführer Rahm stand. Ich sollte bei ihm ein gutes Wort für Papa einlegen: dass Papa im Ersten Weltkrieg Frontkämpfer gewesen war, das Eiserne Kreuz hatte et cetera, et cetera, um Papa aus diesem Transport zu holen. Es war bei Todesstrafe verboten, zu den Zügen zu gehen, und die *Schleuse* wurde genügend bewacht, um dies zu verhindern.

Der Moment des großen inneren Zwiespalts steht mir noch lebendig vor Augen. Ich habe nach dem Krieg noch jahrelang immer wieder Albträume von diesem einen Augenblick in meinem Leben gehabt, den ich immer wieder aufs Neue durchlitt. Viele Male nahm ich einen Anlauf, um zu vollbringen, was Mama so gern gewollt hätte. Jedes Mal kam ich unverrichteter Dinge wieder zurück und fand mich selbst sehr feige. Ich konnte den Mut für dieses Unternehmen nicht aufbringen und wusste auch, dass es zum Nichtgelingen, oder sogar ärger, zu meinem Tod hätte führen können. Es war für uns alle ein Albtraum. So vergingen die Stunden. Die Viehwagen mit unseren Männern, Vätern, Brüdern und Ehegatten setzten sich in Bewegung Richtung Auschwitz. Ich meine, dass es wohl einige Tausend Männer gewesen sein müssen. Die meisten von ihnen – unter ihnen auch mein Vater – sind nach Ankunft in Auschwitz am 30. September 1944 in den Gaskammern von Auschwitz ermordet worden.

Mama und ich verbrachten die Tage danach damit, alles zu waschen, was wir besaßen. Dazu gingen wir zu diesem alten Brunnen, der in einem der Kasernenhöfe stand. Dort wuschen wir unsere große Wäsche, natürlich alles mit Seifenersatz oder ganz ohne Seife. Es ging nämlich das Gerücht, dass Frauen und Kinder der abtransportierten Männer innerhalb kurzer Zeit folgen würden – wegen *Familien-Wiedervereinigung.*

Nach der Deportation von Papa war Mama wie geistesabwesend, als ob sie nichts mehr um sich herum wahrnähme. Ihr Blick schien in die Ferne zu schweifen, und wenn man sie ansprach, hörte sie einen kaum.

Auf den 4. Oktober, also genau eine Woche nach dem 28. September, wurde der Transport der *Angehörigen* der deportierten Männer festgelegt. Mama und ich mussten Abschied nehmen von Opa und Oma, Tante Rosi und Ruth. Man brachte uns zur Schleuse. Mama schrieb noch ein Abschiedsbriefchen für Opa und Oma und Tante Rosi. Sie gab es einem der jüdischen Bewacher in der *Schleuse,* der es Opa und Oma gab.

6
Auschwitz-Birkenau

Die Viehwaggons setzten sich in Bewegung. Etwa 1000 Frauen, Mädchen und Kleinkinder mit Rucksäcken und wenig Essen in denselben Viehwaggons, in denen eine Woche vorher unsere Väter und Männer abgereist waren. Mama und ich waren in einem Waggon zusammen mit Frau Walter, der Mutter von Alfred Walter, meiner ersten Liebe aus dem Lloyd Hotel. Mama hat immer große Stücke auf Frau Walter gehalten, die sicher 20 Jahre älter war als Mama. In Westerbork hatte ich bei Frau Walter das Strümpfestricken gelernt. Nun saßen wir zusammengepfercht auf keinem halben Quadratmeter pro Person, mit einigen leeren Büchsen für unsere Notdurft. Der Waggon fing dann auch sehr bald an zu stinken, denn in Viehwaggons gibt es keine Fenster. Da vegetierten wir also dahin, drei Tage, drei Nächte. Mama wurde immer trauriger und starrte geistesabwesend vor sich hin. Meine Jugend siegte über das Trostlose der Situation, und vor Müdigkeit fiel ich erschöpft in einen tiefen, tiefen Schlaf. Am 7. Oktober, dem dritten Tag unserer bestialischen Spukreise, hielt der Zug an. SS-Leute mit Gewehren trieben uns aus den Waggons, laut schreiend: »*Raus, raus Ihr Saujuden, schneller, schneller!*«

Unsere Rucksäcke und alles andere Gepäck mussten wir vor den Waggons liegen lassen. Wir waren im *Frauenlager* des größten aller *Vernichtungslager* angekommen. Auschwitz-Birkenau.

In einer langen Reihe liefen wir wie eine Herde erschöpfter Schafe unter Bewachung bewaffneter SS-Leute durch den Eingang einer elektrisch geladenen Stacheldrahtabsperrung. Über dem Eingang stand die Aufschrift ARBEIT MACHT FREI. Welch eine Ironie! Sobald wir einigermaßen zu ahnen begannen, dass wir zum Tode verurteilt waren, kämpften wir verzweifelt, aber fest entschlossen um unser Leben.

Aber in dem Augenblick, da wir unsere Füße auf den unseligen Boden dieser trostlosen, unheilverkündenden Barackenwüste setzten, in welcher kein Baum, kein Strauch oder irgendein grüner Zweig spross, ahnten wir noch nichts. Aus hohen Schornsteinen qualmten schwarze, unheimliche Rauchwolken, die den Himmel verdunkelten und uns ein drückendes Vorgefühl gaben. Wir kamen zu einer »Schleuse« von SS-Offizieren, die uns für Leben oder Tod selektierten. Aber wir wussten es zum Glück nicht. Wir waren einer der allerletzten Transporte, die in Auschwitz ankamen. Jetzt wurde nicht nach Alter selektiert, sondern willkürlich nach Anzahl, links die zum Tode Verurteilten und rechts diejenigen, die in Fabriken arbeiten sollten. Als Mama links eingeteilt wurde und ich ihr hinterherlaufen wollte, wies mich der Offizier zur rechten Seite. Ich traute mich zu fragen: »Da geht meine Mutter, darf ich auch dorthin mitgehen?« Er antwortete: »Wie alt bist du?« Ich zögerte den Bruchteil einer Sekunde und sagte dann: »Ich bin 17 Jahre alt.« Das war mein wirkliches Alter. »Dann geh dorthin«, und er wies nach rechts. »Deine Mutter wirst du auch bald wiedersehen.« Im Gegensatz zu seinen SS-Kollegen hatte seine Stimme etwas Menschliches. Mama hatte bei diesem Gespräch nicht zugehört; sie war wie im Traum weitergelaufen und hatte sich nicht mehr umgedreht. Willenlos wie eine Schlafwandlerin lief sie hinter den anderen her. Nicht ein einziges Mal drehte Mama sich um, und ich schaute ihr nach und wusste nicht, dass ich sie zum letzten Mal gesehen hatte.

Mama war 41 Jahre alt, als sie vergast wurde.

Entlang dem Stacheldraht erblickten wir hohe Wachttürme mit bewaffneten Bewachungsposten und eine Unendlichkeit von Holzbaracken. Wir kamen zu einer Steinbaracke. Dort mussten wir uns in einem gekachelten Vorraum splitternackt ausziehen und unsere Kleider, Armbanduhren, Schmuckstücke, Brillen etc. auf einen Haufen auf den Boden legen und vor einigen Häftlingen, die mit Scheren bewaffnet waren, in der Reihe stehen. Wir wurden völlig kahl geschoren, Kopfhaar und Schamhaare. Danach wurden wir in einen großen Duschraum getrieben, wo wir unter Aufsicht einiger SS-Männer eiskalt und ohne Seife duschen mussten. Nackt und nass, wie wir waren nach dieser kalten Dusche, mussten wir vor Kapos paradieren, die uns dünne, gestreifte Gefangenenfetzen zuwarfen. Das war unsere Kleidung an diesem kalten Oktobertag. Kapos waren meist polnische Kriegsgefangene, die als Bewacher ihrer Mitgefangenen eingesetzt wurden. Wir wurden von den Kapos zu den Baracken kommandiert. Dort traf ich als erste und vorläufig einzige Bekannte die junge Frau De la Parra, die Frau des Zahnarztes. Frau De la Parra fiel mir weinend um den Hals und sagte: »Hannelore, auch meine Mutter ist mit meinen beiden kleinen Töchtern zu der anderen Seite selektiert worden, und sie sagen hier, dass auf der anderen Seite Gaskammern sind, wo die Menschen getötet werden.« Wir fielen einander weinend um den Hals und konnten es nicht glauben.

Danach mussten wir zu unserem ersten Abendappell nach draußen auf einen großen Platz, wo schon alle SS-Offiziere und Aufseherinnen versammelt waren. Wir mussten uns in Fünferreihen aufstellen und wurden gezählt.

Die Baracken von Auschwitz-Birkenau waren meiner Erinnerung nach etwa 60 bis 100 Meter lang und etwa 10 Meter breit. Mit einem Zwischenraum von einem halben Meter stand dort Pritsche an Pritsche zu beiden Längsseiten der Baracke und die gleiche Reihe in der Mitte. Die sogenannten Pritschen waren Stockbetten aus Holz. Der Platz wäre für höchstens zwei Personen pro Etage ausreichend gewesen, aber es mussten fünf Frauen auf jeder Etage liegen. Das war unser Aufenthaltsraum für die ganze Nacht und den ganzen Tag außer dem Appellstehen, das eine Stunde morgens und eine Stunde abends im Freien stattfand oder wenn wir zur Latrine mussten. Hierzu mussten wir bei der SS-Aufseherin unserer Baracke um Erlaubnis bitten. Auf einer dieser Wanderungen vorbei an der langen Reihe Pritschen entdeckte ich Ruthild Grünthal, die ich in Westerbork immer bewundert hatte. Die Latrinen waren nämlich außerhalb der Baracke, und das Ganze war nichts weiter als eine Eisenstange, auf die man sich setzen musste, und darunter Löcher im Boden. Ich sprach Ruthild an, aber sie schaute geistesabwesend, sie erkannte mich nicht. Sie muss durch den Schock AUSCHWITZ noch ganz verwirrt gewesen sein.

Unser verzweifeltes Bemühen zu überleben war ein auffallendes Zeichen dafür, dass die menschliche Psyche sich in Stresssituationen völlig abschließt von allem Elend und aller Tragödie um einen herum. Das Einzige, was zählte, war der Wille zu leben, und das war ganz einfach: Um keinen Preis sterben!

Unsere Sorgen, was wir bei der Menstruation ohne Binden machen sollten, waren überflüssig. Die alles beherrschenden Ängste führten bei uns allen zum dauerhaften Ausbleiben der Periode. Auch die Unterernährung trug ihren Teil dazu bei.

Wir hatten zwar kahl geschorene Köpfe, aber in den

ersten Tagen in Auschwitz waren wir noch gut zu erkennen. Frau De la Perra hatte mich erkannt, und danach auch Frau Lewkowitz mit ihrer Tochter Regina. Mutter und Tochter Lewkowitz hatten das seltene Glück, beieinander und am Leben geblieben zu sein.

In Auschwitz-Birkenau bekamen wir einmal am Tag eine Wassersuppe in Metallbechern und eine Scheibe Brot. Ob wir uns in diesen Baracken einige Tage oder einige Wochen aufhielten, kann ich nicht sagen. Zeit war kein Begriff mehr.

Wir mussten täglich auf diesem großen Freigelände Appell stehen; immer fünf Frauen hintereinander in einer langen Reihe, Tausende Frauen. Eines Abends wurden wir mit einem schrillen Gekreisch der Kapos und der Aufseherinnen nach draußen gejagt, um wieder Appell zu stehen. Zuerst aber mussten wir eine nach der anderen vor einem Tisch mit alten Kleidern paradieren. Dahinter standen SS-Offiziere und Aufseherinnen. Sie teilten aus: für jede ein Hemd, eine Unterhose, ein Kleid und ein Mantel. Das war zumindest mehr als die dünnen Fetzen, die wir bis jetzt in Auschwitz getragen hatten. Ich bekam ein langes, schmales, schwarzes Kleid, das mir später den Namen »Fromme Helene« eintrug, und einen sehr alten, nicht warmen, taubenblauen Mantel. Danach bekamen wir Holzschuhe mit Obermaterial aus Leinen. Ich war inzwischen bei zwei Frauen gelandet, die ich nicht kannte, und kam auf die Idee, mich noch einmal hinten in die Reihe für Kleider zu stellen, um eventuell etwas wärmere Teile zu ergattern. Dass ich dabei mein Leben in Gefahr brachte, machte ich mir nicht klar. Inzwischen war es pechschwarze Nacht geworden. Ich barg die bereits erhaltenen Kleider in einer dunklen Ecke. Nur der Appellplatz, die Tische mit Kleidern und der Stacheldrahtzaun waren hell erleuchtet.

Tatsächlich gelang es mir ein zweites Mal, Kleider zu erhalten, leider noch schlechtere und noch weniger warme als beim ersten Mal. Das Kleid war diesmal aus Baumwolle und blau-weiß kariert – ein Sommerkleid, das ich als Kittel über das schwarze anzog. Mein Hemd war jetzt aus Wolle, was mir sehr zustatten kam. Doch dieses Hemd sollte später noch den glühenden Neid eines zum Tier gewordenen Mithäftlings erwecken. Inzwischen hatten sich alle Frauen wieder auf dem Appellplatz aufgestellt. Die Kleiderausgabe war beendet, bevor ich einen zweiten Mantel hätte bekommen können. Ich war eine der Letzten, die diesmal Kleider bekommen hatte, und ich konnte jetzt keine vier Frauen hintereinander entdecken, bei denen ich die Fünfte hätte sein müssen. Wie ein aufgescheuchtes Wild rannte ich die Reihen ab, denn jeden Augenblick konnte der Appell beginnen. Da rief plötzlich jemand auf Niederländisch: *»Kom hier staan!«* Endlich konnte ich als Erste eine Reihe von fünf bilden. Die Stimme, die mich gerufen hatte, schien mir eine Stimme des Himmels zu sein. Diese rettende Stimme gehörte Frau Johanna Cappel, einer Frau mit gütigen braunen Augen. Sie hatte mir in dieser Nacht in

Auschwitz wahrhaftig das Leben gerettet. Ich blieb auch nach der Befreiung in Kontakt mit ihr. Als sie nach der Befreiung erfuhr, dass ihr Mann und ihre beiden Töchter in den Holocaustlagern umgekommen waren, heiratete sie einen alten Jugendfreund mit Namen Simons. Auch er war durch die Nazis Witwer geworden.

Nun begann der Appell, wobei eine Reihe nach der anderen nach vorn treten musste – jede Frau separat –, und dort wurde eine runde Metallplatte mit einer Nummer darauf an unser Kleid geheftet. Man teilte uns mit, dass wir unsere Nummer auswendig lernen müssten, um bei künftigen Apellen mit Ja zu antworten, wenn die Nummer aufgerufen würde. Wir waren der erste Arbeitertransport aus Auschwitz, dem keine Nummer mehr in den linken Unterarm gebrannt wurde.

Die tausend Frauen, die auf dem Appellplatz standen, wurden jetzt in verschiedene Arbeitertransporte eingeteilt und zu den diversen Eisenbahnschienen mit Viehwaggons gebracht. Wie lange wir fuhren, weiß ich nicht. Es müssen zwei oder drei Tage und Nächte gewesen sein.

7
Freiberg (Sachsen)

Unser Bestimmungsort war uns natürlich nicht bekannt. In diesem Transport waren 1000 Frauen; Cilly Levy (sie wurde in den Achtzigerjahren die Schwiegermutter des Sohnes von Herrn de Lieme), Regina Lewkowitz und Reni Guttmann – alle aus dem holländischen Transport – und ich waren die Jüngsten. Ruthild Grünthal und ihre Schwester Sybille, auch aus unserer Baracke in Auschwitz-Birkenau, waren nicht in diesem Transport.

Nach drei Tagen und Nächten, in denen wir eng zusammengepresst beieinandergehockt hatten, kamen wir in Freiberg bei Dresden an. An diese Fahrt sind mir keine Erinnerungen geblieben. Wir waren für Fabrikarbeit selektiert worden. Die Fabrik hieß Freia und war ursprünglich eine Porzellanfabrik gewesen, in den Kriegsjahren aber zu einer Flugzeugfabrik für Kriegszwecke umgebaut worden. Die Fabrik war ein großes Gebäude mit mehreren Etagen. Wir wurden in Schlafsälen in einer der untersten Etagen untergebracht. Man hatte aus den Räumen, die circa hundert Quadratmeter groß waren, Schlafsäle mit den gleichen Holzpritschen wie in Auschwitz gemacht. Zu beiden Seiten des Saals standen fünf Pritschen dicht nebeneinander, mit zwei oberen und zwei unteren Betten, also 40 Schlafgelegenheiten. Doch wir mussten zu zweit in einem Bett schlafen, also waren es 80 Frauen in einem ziemlich kleinen Schlafsaal. Ich schlief in einem oberen Bett und teilte dies mit einem tschechischen Mädchen meines Alters.

Der SS-Oberscharführer hatte goldene Zähne und brüllte die ganze Zeit in seinem sächsischen Dialekt. Ich glaube, er hieß Beck. Unsere *Lagerälteste* (nicht die Älteste von uns, sondern die mit dem höchsten Rang wegen großer Verantwortung) war Hanka, ein großes tschechisches Mädchen, etwa 25 oder 30 Jahre alt, von germanischem Aussehen. Beim Appell musste sie dem Oberscharführer helfen, sie musste uns wecken, das Essenausteilen beaufsichtigen und so weiter.

Bei unserer Ankunft in der Freia-Fabrik wurde als Erstes in den langen Gängen vor den Schlafsälen Appell abgehalten. Zum ersten Mal wurden unsere Nummern aufgerufen.

Der Fabrikraum lag auf einer der obersten Etagen, enorm groß mit vielen Fenstern an beiden Seiten der großen Fabrikhalle. Wir arbeiteten alle in dieser großen Halle, bis auf einige Hundert Frauen, die in einer in der Nähe liegenden Munitionsfabrik arbeiteten. Die Produktion der Fabrik war in kleinere Gruppen von fünf bis zehn Frauen eingeteilt, die jeweils unter einem deutschen »Meister« arbeiten mussten. Diese *Meister* waren

Wehrmachtssoldaten auf Urlaub von der Front und zur Fabrikarbeit abkommandiert. Viele von ihnen waren anti-Nazi gesinnt und hatten Mitleid mit uns.

Ich kam mit vier anderen Frauen, die ich nicht kannte, zu einem sehr netten *Meister.* Es waren drei polnisch-jüdische Frauen, etwa 30 bis 40 Jahre alt, und ein kolossales Dromedar aus Österreich von etwa 30 Jahren mit schlauen, kleinen Schweinsaugen. Sie schien mir eher eine nicht jüdische Kriminelle zu sein. Sie war sehr primitiv in ihrer Sprache, und alles an ihr war hässlich. Das Schlimmste an ihr war ihre Missgunst, mit der sie mir noch zu schaffen machte.

Wir fünf Frauen fabrizierten in verschiedenen Arbeitsgängen den Gleichgewichtsflügel eines Kriegsflugzeugs. Ich wurde von unserem *Meister* zu den angenehmeren Arbeiten eingeteilt, nämlich zu den sitzenden Tätigkeiten an der Bohrmaschine, die elektrisch Löcher bohrte, die auf dem Gleichgewichtsflügel vorgezeichnet waren und in die später beim Zusammensetzen Nieten eingeschlagen wurden. Die anderen vier Frauen mussten ihre Arbeit stehend verrichten. Meine auffallend bevorzugte Aufgabe löste auch schon Missgunst bei der Kriminellen aus.

Unser Tag begann mit dem morgendlichen Wecken um 5 Uhr. Dann hatten wir 30 Minuten für das sogenannte Waschen im Waschsaal, einem Saal, in dessen Mitte es zwei Reihen Wasserhähne mit kaltem Wasser gab; das Wasser floss in ein langes Abflussbecken. Dort hielten wir die Hände unter den Wasserhahn und wuschen unser Gesicht. Danach aßen wir unser Stück Brot auf der Pritsche. Dann begann der *Bettenbau.* Dem Bettenbau schenkte der Oberscharführer besondere Aufmerksamkeit. Die Betten mit den Pferdedecken mussten wie Soldaten in Reih und Glied stehen. Wessen Bett durch die geringste Abweichung auffiel, der wurde bestraft. Das bedeutete eine Ohrfeige beim Appell oder den Entzug der Brotration, die abends ausgeteilt wurde. Glücklicherweise wurde ich niemals bestraft. Das Frühstück bestand aus einem undefinierbaren heißen Getränk und einer Schnitte unserer Brotration, es gab eine Schnitte abends und eine morgens. Diese Ration – zwei Schnitten pro Tag – mit einem dünnen Belag von Margarine oder Blutwurst oder Marmelade wurde uns alle drei Tage zugeteilt. Eine Pritsche, also zwei Frauen, bekam zusammen eine Brotration und musste sie sich teilen. Das tschechische Mädchen und ich hatten vereinbart, abwechselnd wählen zu dürfen, wer welche Hälfte bekam. Es kostete mich viel Mühe, die Brothälfte zu wählen, denn das war damals die wichtigste Entscheidung unseres Lebens. Meine Bettgenossin amüsierte sich über die Qual meiner Entscheidung. Ein Zentimeter mehr oder weniger Brot konnte den Hunger doch auch nicht stillen.

Unser ganzes Leben außerhalb der Fabrikhalle spielte sich auf den Betten ab. Nach der »Bettenbau«-Kontrolle wurde der Morgenappell abgenommen, bei dem wir uns wieder auf dem langen Fabrikkorridor zu fünft hintereinander aufstellen mussten. Der Appell dauerte 30 Minuten. In der Zwischenzeit war es dann 6 Uhr geworden. Wir marschierten mit unserem Brotvorrat in der Hand unter Aufsicht von Hanka und der SS-Aufseherinnen auf die oberste Etage zu unserer Arbeitsabteilung. Wir arbeiteten 14 Stunden mit einer halben Stunde Mittagspause. In dieser Pause wurde in der Fabrikhalle irgendetwas Warmes, Suppe oder dergleichen, ausgeteilt. Um 8 Uhr abends gingen wir wieder hinunter in unsere Schlafsäle. In den Gängen vor den Schlafsälen wurde wieder Appell abgehalten, und unsere Nummern wurden aufgerufen. Danach wurden alle drei Tage das Brot und der Belag ausgeteilt, und wir aßen ein Butterbrot und bekamen wieder das undefinierbare Getränk in unseren Emaillebecher. Die Abendbrotschnitte wurde auf der Pritsche gegessen. Danach zogen wir unser Kleid aus, rollten es als Kopfkissen auf und krochen – eine gegenüber der anderen Bettgenossin – unter die raue Pferdedecke. Ich schlief sofort fest und traumlos bis zum nächsten Morgen. Für den, der das nicht konnte, war die schwere Arbeit noch viel schwerer zu ertragen.

An einem der ersten Tage in Freiberg passierte es vor dem Morgenappell, dass ich plötzlich nötig zur Toilette musste, aber keine Zeit mehr dazu hatte. Ich stand vorne in der Reihe von fünf, so wie meistens, und plötzlich wurde ich schwindlig und fiel in Ohnmacht, direkt vor die Füße des Oberscharführers. Ich kam auf einem Bett in einem kleinen Zimmer wieder zu mir, und vor mir standen der SS-Oberscharführer Beck, Hanka und noch einige Aufseherinnen. Der Oberscharführer fragte in ungewöhnlich menschlichem Ton: »Was hast du, Kleine?« Worauf ich etwas stammelte, wie: »Schnell zur Toilette gemusst«; danach durfte ich wieder auf meinen Platz zurück. Ich fühlte mich zwar hundsmiserabel und hatte Bauchschmerzen und wusste nicht, was mir fehlte.

Der Oberscharführer brüllte uns noch auf seine gewohnte Weise an: »Wenn eins wieder mal zur Toilette muss, dann soll es sich rechtzeitig melden und nicht vor meine Füße in Ohnmacht fallen! Verstanden!«

Abends sagten meine Saalgenossinnen zu mir, dass ich ganz gelb aussähe. Da begriff ich, dass ich die Gelbsucht hatte, wie schon so viele von uns. Am folgenden Morgen konsultierte ich unsere Lagerärztin, eine jüdische Frau aus der Tschechoslowakei, die zwischen 5 und 5.30 Uhr Sprechstunde in einem Ärztezimmer hielt. Sie untersuchte mich und bestätigte, dass ich *Hepatitis epidemica* hätte. Medikamente gab es natürlich nicht, und im Bett durfte ich auch nicht bleiben, außer bei Fieber über 39 °. Sie gab mir den Rat, ab und an zu ihr zu kommen, um meine Temperatur messen zu lassen. Außerdem machte sie eine Notiz, dass ich in den kommenden Monaten anstatt Margarine oder Blutwurst ausschließlich Marmelade bekommen sollte. Ich bekam ab da einen Emaillebecher voll Marmelade für 14 Tage, was wiederum die Missgunst und Eifersucht der anderen hervorrief. Sie begriffen eben nicht, dass dieser Becher jeweils für 14 Tage bestimmt war.

Wenn ich zum Fiebermessen zur Ärztin kam, gab ich mir alle Mühe, die Temperatur steigen zu lassen, was mir auch einige Male gelang – vielleicht hatte ich wirklich Fieber –, woraufhin ich dann Bettruhe für einen vollen Tag verschrieben bekam. Das bedeutete auch, dass ich während der 14 Arbeitsstunden der anderen nach dem Appell wieder ruhig zu Bett gehen durfte. Das war die Ursache dafür, dass eine Mutter, Frau Bril aus Rotterdam, die mit ihrer Tochter Nicolette zusammen war, stets sagte: »Nicolette, du musst auch probieren, Bettruhe von der Ärztin zu erhalten!« Ich beneidete die beiden darum, dass sie zusammengeblieben waren; ich wusste nicht, wie krank Nicolette später nach der Befreiung noch werden würde.

Mein junges Gesicht schien sich trotz des kahl geschorenen Kopfes gegen den Durchschnitt abzuheben und das Mitleid meines Meisters zu erwecken. Schon nach den ersten paar Tagen flüsterte er mir ins Ohr: »In der rechten Schublade meines Arbeitstisches liegt eine Butterstulle für dich, du wirst wohl Hunger haben! Aber lass es bitte niemanden merken!« Ich war völlig verwirrt von diesem großartigen Angebot und bedankte mich im Flüsterton. In der Pause holte ich so unauffällig wie möglich die Butterstulle heraus und ließ es mir schmecken. Das wiederholte sich einige Male. Ich nahm das Butterbrotpapier, das so herrlich roch, mit ins Bett. Als Folge davon bekam ich Tagträume, in denen ich mir ausmalte, zum Beispiel Haushaltshilfe bei dem Meister zu werden. So stellte ich mir die Zukunft in den für mich damals denkbar rosigsten Farben vor. Ich dankte G'tt für das Wunder des Brotes und *benschte* (das ist das Dankgebet nach dem Essen) nach jeder Mahlzeit. Auch *Schma* sagte ich, das ist eines unserer wichtigsten Gebete, und das Nachtgebet sagte ich im Bett, soweit ich es auswendig wusste. Mein Vertrauen in G'tt und die Menschheit wurde durch Ereignisse wie die geschenkte Butterstulle verstärkt. Ich sagte zu Frau Levy, der Mutter von Cilly und Nana, aus innerster Überzeugung: »Der Mensch ist im Grunde nicht schlecht!« Mein Ausspruch machte einen gewaltigen Eindruck auf Frau Levy, sodass sie zu ihren Töchtern sagte: »Was für ein frommes Mädchen ist diese Hannelore doch!«

Wie vorsichtig ich auch versuchte, die geschenkte Butterstulle aus der Schublade zu nehmen, die schlauen Augen der Kriminellen hatten es schnell entdeckt. Sie drohte mit lauter, ordinärer Stimme, diesen Vorfall dem SS-Oberscharführer zu melden. Der Meister wurde ganz ängstlich und sprach sein Bedauern aus, mir nun nichts mehr geben zu können. Aber der Neid der Kriminellen auf mich war nun einmal geweckt. Abends in den Schlafsälen verkündete sie, sie würde auch bei der SS-Leitung melden, dass ich zwei Hemden besaß. Sie war wütend und schrie wie eine Wilde. Dass ich auch zwei Kleider besaß, hatte sie glücklicherweise nicht bemerkt, weil das dünne blau-weiß karierte Kleid als Schürze diente. Die Drohungen der Kriminellen wurden immer schlimmer und drohender, und in meiner Angst und Panik lief ich zur Mutter von Regina Lewkowitz, die beide in einem anderen Schlafsaal lagen. Sie half mir spontan und energisch, so wie sie war. Auf meinen Hinweis hin ging sie zu der Kriminellen und rief: »Wenn Sie das Mädchen nicht in Ruhe lassen, schlage ich Ihnen die Fresse ein!« Das war die Sprache, die diese Person begriff. Danach bin ich nie wieder von ihr belästigt worden. Frau Lewkowitz hat mit ihrer Unerschrockenheit einen so tiefen, bleibenden Eindruck auf mich gemacht, dass ich diesen Vorfall bis heute nicht vergessen habe.

Wochen und Monate vergingen. Sonntags wurde nicht gearbeitet, weil dann sowohl die Meister als auch die SS frei hatten. Wir litten alle unter Ungeziefer, vor allem Kleiderläusen, und durften sonntags beim Arzt ein Mittel holen, das man in einem Eimer Wasser auflösen musste, um darin die Kleider zu waschen. Damit wurden die Läuse getötet. Natürlich mussten wir diese Prozedur nach einigen Wochen wiederholen, denn man steckte sich immer von Neuem an, und die Läuse kamen wieder zurück. Da wir der Reihe nach unseren Trockenplatz auf der Heizung abwarten mussten, bekamen wir nicht die Chance, unser Kleid bis Montag früh völlig zu trocknen. Wir mussten also mit dem noch feuchten, aber bis auf Weiteres läusefreien Kleid zur Fabrikhalle gehen. Natürlich wurden Unterwäsche und Kleid nie gleichzeitig gewaschen, sonst hätten wir einen ganzen Sonntag lang nichts anzuziehen gehabt.

Mein Meister hatte mir die Aufgabe zugeteilt, die Fertigware der Gleichgewichtsflügel zu einer Sammelstelle an einem anderen Ende der Fabrikhalle zu bringen. Hier traf ich eines Morgens einen ganz jungen Wehrmachtssoldaten, der mich ansprach: »Wenn Frieden wäre, würde ich nur zu gern mit dir spazieren gehen. Vielleicht kann ich dich an dieser Stelle im Saal öfter treffen!« Und er gab mir bei diesen Worten Brotstullen von seinem eigenen Mittagsbrot. Eine größere Ehre war in dieser Zeit nicht denkbar. Dies war mir nun zum zweiten Mal passiert. Ich jubelte innerlich vor lauter Glück und fühlte mich wie im siebten Himmel. Dieses Rendezvous wurde von einer der vielen SS-Aufseherinnen beobachtet, die die Aufgabe hatten, alle unerlaubten Handlungen zu beobachten und zu melden. Sie sagte: »Wenn ich euch noch einmal erwische, kommt ihr beide nicht lebend davon!« Und damit war auch diesem Beweis von Menschlichkeit unter schwersten Bedingungen ein Ende gesetzt. Für mich war es in dieser Trostlosigkeit ein Zeichen der Hoffnung, dass ich auf G'tt vertrauen konnte.

Anfang Januar 1945 mussten wir aus unseren Schlafsälen im Fabrikgebäude in Baracken am Rande der Stadt Freiberg umziehen. Diese Baracken waren »auf höheren Befehl« für uns tausend Frauen errichtet worden. Wieder bekamen wir andere Saal- und Pritschengenossinnen.

Ich schlief nun zusammen auf einer Pritsche mit Reni Guttmann, einem holländischen Mädchen meines Alters. Hanne Moses – unsere frühere Handarbeitslehrerin aus Westerbork – schlief unter uns. Wir mussten nun morgens noch eine halbe Stunde eher aufstehen, weil wir ca. 30 Minuten zu Fuß zur Fabrik laufen mussten, meistens durch hohen Schnee. Wenn wir durch die Straßen von Freiberg liefen, waren so frühmorgens und so spätabends wenig Menschen auf der Straße. Die wenigen Menschen, die uns in Reihen zu fünft mit kahl geschorenem Kopf vorbeimarschieren sahen, beguckten uns wie Tiere im Zoo und zeigten keinerlei Mitgefühl oder Mitleid.

Auch die Morgen- und Abendappelle wurden nun draußen vor den Baracken abgehalten. Der Winter 1944 bis 1945 war eisig kalt, vor allem für uns, die wir mit Lumpen bekleidet und völlig unterernährt waren. Außerdem waren unsere Kleider am Montagmorgen immer noch feucht vom Waschen. Wir erhielten ein zweites Mal neue Holzschuhe, mussten aber erst mal zeigen, dass unsere alten abgelaufen waren. Nicht jede durfte nach der Kontrolle der alten neue erhalten, aber ich schon.

Zu dieser Zeit gebar eine der schwangeren Frauen einen kleinen Jungen, der bei jedem Appell von Hanka gemeldet wurde: »Melde gehorsamst 1000 Frauen und einen Mann.« Das Baby durfte am Leben bleiben, jedenfalls in Freiberg, und schien unter besonderem Schutz von Hanka zu stehen.

Ich bekam alle 14 Tage meinen Becher voll Marmelade und fühlte, dass ich trotz der schweren Umstände langsam von der Hepatitis genas. Abends nach der Brotmahlzeit gingen wir sofort schlafen, weil wir ja schon so früh aufstehen mussten. Sonntags hatten wir Freude daran, Menükarten zusammenzustellen und in Gedanken zu kochen und zu essen. Ich schlief immer sofort ein, und ich schlief auch sehr tief, und das half mir sehr, auf den Beinen zu bleiben. An meinem Arbeitsplatz hatte ich aus dem Flugzeugmetall einen Kamm und ein Taschenmesser gebastelt. So konnte ich mein zentimeterlanges Haar kämmen und mir mit dem Messer Marmelade aufs Brot schmieren. Mit einem ausgerissenen Stoffstreifen bürstete oder besser reinigte ich meine Zähne morgens und abends. Einmal wöchentlich mussten wir im Duschraum der Fabrik duschen, ohne Seife und ohne Handtücher, unter Aufsicht der SS-Ober- und -Unterscharführer und der Aufseherinnen. Wir genossen das warme Wasser, und die kalte Luft diente als Handtuch.

Immer öfter und immer durchdringender heulten die Alarmsirenen in der Fabrik bei Bombenangriffen der Alliierten. Dann wurden wir in den obersten Fabrikhallen eingeschlossen, mit der Warnung, uns nicht zu rühren. Die Beleuchtung ging dann auch aus. Die SS-Offiziere und Wehrmachtssoldaten rannten zu dem Fabrikbunker. Die meisten von uns hatten keine Angst. Auch ich nicht. Wir hofften nur auf die Befreiung. Einmal, während eines Luftangriffs im Februar 1945, sahen wir durch die großen Fabrikfenster in der Ferne ein loderndes Flammenmeer. Wir hörten später von dem gänzlich verstörten Meister, dass Dresden durch einen Luftangriff der Russen* fast ganz dem Erdboden gleichgemacht worden war. Wir jubelten innerlich und fürchteten uns bei Luftalarm noch weniger als vorher.

Ungefähr im März 1945 wurde uns während des Appells mitgeteilt, dass wir zu einem anderen Bestimmungsort transportiert werden sollten. Kurz darauf wurden wir – wie schon in Theresienstadt und in Auschwitz – zu 40 oder 50 Frauen in einen Viehwaggon verfrachtet. Unser Proviant war ein Teelöffel Zucker pro Tag und etwas Trinkwasser, gerade genug, um nicht sofort zu sterben. Wir hatten noch Glück, dass wir nicht, wie so viele andere, auf einen der sogenannten Todesmärsche geschickt wurden. Das hätte bedeutet: ohne Pause zu Fuß durch verschneite Wälder und Landstraßen zu laufen, Tage und Nächte lang. Ruthild und Sybille Grünthal sind bei einem solchen Todesmarsch umgekommen; so wurde es mir nach dem Krieg erzählt.

Ich weiß nicht mehr, wie lange wir im Viehwaggon durch Deutschland fuhren, aber schließlich waren Zucker- und Wasservorräte aufgebraucht. Der Zug hielt einmal am Tag an, und dann mussten wir im Freien unsere Notdurft verrichten. Oft war ein Bach oder ein Was-

* Wie wir heute wissen, war das ein Irrtum, an den Tagen 13.–15. Februar 1945 bombardierte die RAF die Stadt Dresden.

sergraben in der Nähe. Viele tranken von diesem Wasser und wurden krank. Ich wusch mich nur damit. Wir kamen auch an Ravensbrück vorbei, wo wir anhielten. Das war auch ein Konzentrationslager für Frauen. Ravensbrück ist der nördlichste Stadtteil von Fürstenberg/Havel, also nicht weit von Berlin.

Wir hatten den Eindruck, dass man uns kreuz und quer durch Deutschland verfrachtete, um uns am Ende doch noch an einem Ort hinter Stacheldraht loszuwerden, wo die Alliierten noch nicht waren. Wir hatten also kein Wasser und keinen Löffel Zucker mehr und waren völlig erschöpft und krank vor Hunger, Durst, Kälte und Elend.

Eines Tages hielt der Zug plötzlich an, und wir wurden hinausgetrieben. Viele fielen sofort über die Pfützen her, um davon zu trinken, und wurden krank. Sie bekamen alle Typhus. Diejenigen, die sich beherrschen konnten und auch das Glück hatten, sich nicht zu infizieren, blieben verschont von dieser tödlichen Typhusepidemie. Ich dankte G'tt, dass auch ich verschont geblieben bin!

So erschöpft wir auch waren, mussten wir nun einen steilen Weg nach oben klettern und kamen in das felsig gelegene MAUTHAUSEN in Österreich, in der Nähe von Linz.

8
Mauthausen

Der Aufstieg fiel uns erschöpften Skeletten, die wir waren, sehr schwer. Die Menschen, die wir unterwegs trafen, starrten uns an, boten aber keinerlei Hilfe in Form von etwas Trinkwasser oder Essbarem an. So begann die letzte Etappe meiner Holocaustirrfahrten.

Wir wurden in ein sogenanntes *Oberlager* und ein *Unterlager* eingeteilt. Ich kam mit Reni Guttmann, meiner Pritschengenossin im Barackenlager von Freiberg, ins Unterlager, das *Zigeunerlager*. Was mir in Erinnerung geblieben ist, ist ein stallartiger großer Raum mit 100 oder mehr ausgemergelten Frauen. Nach Sprache und Aussehen zu urteilen, waren es Zigeunerinnen, die über den Fußboden verteilt lagen oder saßen. Wir kamen mit etwa 20 Frauen aus Freiberg dazu.

Sofort, als wir hereinkamen, hatte ich einen Stapel gestreifte Gefangenenkleidung bemerkt. Ich glaube, mich erinnern zu können, dass wir bei Ankunft in Mauthausen unsere Kleider ausziehen und abgeben mussten und dass wir dafür irgendein dünnes, gestreiftes Sträflingskleid bekamen. Mit diesen dünnen Fetzen froren wir in jenen

Apriltagen, unterernährt, wie wir waren, erbärmlich. Ich entschloss mich, in der Nacht eines dieser dickeren Sträflingskleider von dem Haufen zu nehmen. Ich kroch also leise auf Händen und Füßen zu dem Kleiderhaufen und packte eines der dickeren Kleider. Eine Zigeunerin, die in der Nähe lag und es bemerkt hatte, wollte mich schlagen, aber ich wehrte mich so gut ich konnte, und das war das Einzige, was ich in dieser Situation tun konnte.

Die letzten Wochen vor der Befreiung gingen wie ein böser Traum an mir vorbei. Wir vegetierten mit den Zigeunerinnen in diesem Raum und standen zwischendurch Appell im Freien. Ich weiß nur noch, dass wir seit unserer Ankunft im Lager Mauthausen weder von den SS-Scharführern noch von deren Helfern oder anderen SS-Leuten jemanden zu Gesicht bekamen. Sie müssen bereits in diesen Apriltagen geflüchtet sein, noch bevor die amerikanischen Truppen das Lager befreiten. Die Appelle wurden jetzt von den Kapos abgehalten. Wie und was wir zu essen bekamen, weiß ich auch nicht mehr. Eines Morgens rief jemand plötzlich: »Es wehen weiße Fahnen vom Oberlager, das muss die Befreiung sein.« Niemand jubelte. Wir waren völlig abgestumpft durch die Misere, die wir hinter uns hatten. In Theresienstadt hatte jemand ein Lied gemacht:

Wenn die weißen Fahnen wehn
Werden wir uns wiedersehn.
Und die Welt wird schön,

Wird so wunderschön,
Wenn die weißen Fahnen wehn.

Das Lied erklang zwar in unseren Herzen, aber wir sangen es nicht und freuten uns auch nicht. Wir waren zu Tode geschwächte Skelette, und für viele von uns waren *die weißen Fahnen* zu spät gekommen.

Einige Stunden später kamen die amerikanischen Soldaten und brachten große, dampfende Behälter mit Erbsensuppe und Fleisch, die sie auf Blechtellern austeilten. Wir alle aßen gierig und schnell, doch genauso schnell mussten wir zu den Latrinen flüchten, die draußen lagen. Keine von uns konnte diese viel zu mächtige Nahrung vertragen. Wir hatten Bauchschmerzen und Durchfall bekommen.

Geistig und körperlich waren wir völlig gelähmt. In den ersten Tagen konnten wir nicht mehr aufrecht gehen, sondern mussten vor Schwäche kriechen. Nun wurden die Schwerkranken von amerikanischen Militärärzten untersucht und abgesondert in den Saal neben unserem Zigeunersaal, wo sie nicht auf dem Fußboden lagern mussten wie wir, sondern auf stehende Tragbahren gebettet wurden. Dieser viel kleinere Saal musste der Raum für die Aufseherinnen gewesen sein. Es sah dort sauberer und menschlicher aus, und es gab auch Fenster. Auch meine kleine Freundin Reni kam in diesen Saal. Sie hatte Typhus und war sehr krank. Ich besuchte sie, und sie gab mir ihren einzigen Besitz, eine selbst gemachte

Seifendose (Seife hatten wir natürlich niemals gehabt) mit ihrem eingeritzten Namen darauf, die sie in der Flugzeugfabrik in Freiberg aus Flugzeugmaterial selbst angefertigt hatte. Ich legte mein selbst fabriziertes Taschenmesser, mein selbst fabriziertes Kämmchen und meine Nagelfeile in diese Seifendose. Ich habe diese Seifendose zur Erinnerung aufbewahrt. Reni war sehr schwach und mutlos. Ich besuchte sie noch einige Male und nahm Abschied von ihr, als wir Mauthausen verließen. Ich habe sie nie wiedergesehen oder etwas von ihr gehört. Ich nehme an, dass sie in Mauthausen gestorben und begraben ist.

Seit Ankunft der Amerikaner durften wir uns außerhalb der Baracken und überhaupt im ganzen Lager frei bewegen. Davon machten wir auch Gebrauch. Inzwischen war es strahlender Frühling geworden. Ich ging allein auf Streifzug, zuerst kriechend, dann aufrecht laufend. Außer Reni und mir war niemand von all unseren Bekannten aus Westerbork, Theresienstadt oder Freiburg im Zigeunerlager. Auf den Straßen des Lagers Mauthausen fand ich unter anderem Ärztekittel aus gummiertem Stoff. Auf irgendeine Weise wusste ich mir Nadel und Faden zu beschaffen und nähte aus dem Ärmel eines Ärztekittels einen Beutel, in dem ich Renis Seifendose und das Brot, das wir bekamen aufbewahrte. Ich war sehr stolz auf meinen Beutel.

9
Repatriierung

Man sagte uns, dass wir in absehbarer Zeit vom Roten Kreuz in unsere jeweiligen »Heimatländer« gebracht werden sollten. Wir warteten ab. Eines Tages sollten sich alle Frauen aus den Niederlanden melden. Im Lager standen Autos vom Roten Kreuz. Wir wussten nicht, welches unser Ziel sein würde. Zwölf Frauen kamen in ein Auto (es war eher ein Planwagen) des Roten Kreuzes. In meinem Planwagen saßen Frau Bril und ihre Tochter Nicolette, Cilly und Nana Levy und ihre Mutter, Frau Lilo Jäger, Frau Mine Rolef, Frau Elise Friedmann, Lilo Hirsch, Regina Lewkowitz und ihre Mutter und ich. Wir saßen auf Holzbänken und fuhren nur einige Stunden. Dann kamen wir in Linz an, einer größeren Stadt in Österreich. Cilly und Nana Levy stiegen hier aus, weil ihre Mutter schwer krank war und in Linz in ein Krankenhaus eingeliefert wurde.

Es hieß, dass unser Transport geteilt werden sollte. Einige Rot-Kreuz-Autos sollten mit den Kranken in die Schweiz fahren, und die sogenannten Gesunden wussten noch nicht, welcher ihr Bestimmungsort sein würde.

Frau Bril, die eine liebe und sanftmütige Frau war, fragte mich, ob ich mit dem Krankentransport mitkommen wolle, denn ihre Tochter Nicolette war krank und fiebrig. Ich dachte einige Augenblicke nach und entschloss mich dann intuitiv – nach unseren Lebensregeln seit Auschwitz –, zu den Gesunden zu gehören. Viele Jahre nach unserer Rückkehr in die Niederlande hörte ich, dass die offenen Rot-Kreuz-Autos mit den Kranken nie in der Schweiz angekommen sind. Die Schweizer hatten keinen Platz für diese kranken KZ-Überlebenden. Nicolette ist auf diesem Transport während einer Übernachtung in einer Heuscheune gestorben. Sehr, sehr tragisch für die arme Frau Bril, die zusammen mit Nicolette die ganze Holocaustzeit überlebt hatte.

Unser Planwagen mit den übrig gebliebenen Personen und andere nachfolgende Rot-Kreuz-Autos fuhren westwärts, zuerst entlang der Donau über Salzburg, dann durch Deutschland: Bad Reichenhall, Garmisch-Partenkirchen, an den Bodensee und Bregenz. Unterwegs übernachteten wir in einer sehr großen Heuscheune, wahrscheinlich derselben, in der Nicolette Bril gestorben war. Ich schlief herrlich in dem Heu. Schließlich erreichten wir den Bodensee, und wenn mich meine Erinnerung nach 47 Jahren nicht täuscht, kamen wir in Konstanz in ein für uns leer geräumtes Haus (vielleicht Eigentum früherer Nazis). Alle Zimmer waren zu Krankensälen umgebaut worden, mit fünf bis sechs frisch bezogenen Betten in einem Zimmer. Wir hatten sehr lange nicht mehr in Betten mit echten Matratzen und Bettzeug geschlafen.

Ein Arzt untersuchte uns, und wir bekamen Schonkost. Es gab Besuchszeiten; dann kamen sehr viele deutsche Frauen, denen wir unsere spindeldürren Arme und Beine zeigen mussten und die uns dann fragten, ob wir Wünsche hätten. Ja, die hatten wir. Ich wünschte mir ein Kopftuch und ein Sommerkleid und irgendein Gepäckstück. Einen richtigen Koffer zu besitzen schien mir der Gipfel des Glücks. Wir fühlten uns ein bisschen wie Tiere im Zoo, als wir von den deutschen Frauen so begafft wurden. Doch meine Wünsche wurden mir erfüllt. Das Sommerkleid war hellblau, ohne Ärmel, mit kleinem Überwurf. Ein hölzerner Koffer vollendete die stolze Ausrüstung.

Wie lange wir in Konstanz blieben, weiß ich nicht mehr. Es kann eine Woche gewesen sein oder länger. Unsere gesamte Sträflingskleidung haben wir dort zurückgelassen. Zum ersten Mal nach all der Zeit durften wir duschen, und Kleider bekamen wir also von der Bevölkerung geschenkt. Nach dieser Zeit in Konstanz fuhren wir etwas erholt in dem Rot-Kreuz-Wagen weiter am Bodensee entlang. Wir waren nun nicht mehr ganz so verwahrlost wie vorher. Über Schaffhausen, danach durch die Schweiz ging es nach Frankreich. Unser erster Halt war Mühlhausen am Rhein. Ich glaube, dass die Menschen dort Deutsch sprachen. Von Mühlhausen fuhren wir immer weiter nach Westnordwest entlang der Mosel bis Châlons sur Marne, nicht weit entfernt von Reims, wo wir in einem Zeltlager, Cernon genannt, landeten. Das Zeltlager war bis zur Befreiung sicher ein amerikanisches Armeelager gewesen und diente jetzt als »Entnazifizierungslager« für alle Rückwanderer und für alle Opfer aus den Holocaustlagern. Wir mussten eine nach der anderen mit unserer Entlassungsbescheinigung aus Mauthausen vor einer Reihe hoher amerikanischer Offiziere erscheinen und vielleicht einiges oder unsere ganze Holocaustgeschichte erzählen. Das weiß ich nicht mehr so genau.

Meiner Schätzung nach müssen in jenem Sommer Tausende Menschen durch dieses Lager gegangen sein. Im Mai 1945, als wir uns dort aufhielten, lebten dort vielleicht ein paar Hundert Menschen. Wir wohnten zu siebt oder acht in einem Zelt. Bei meiner Ankunft in diesem Zeltlager kam ich durch Zufall wieder mit Mutter Lewkowitz und Tochter Regina in ein Zelt.

Die Latrine war am anderen Ende des Zeltlagers. Da wir alle noch immer unter heftigem Durchfall litten, hatten wir nachts eine leere Büchse neben unserem Feldbett stehen. Die zehn Minuten zu den Latrinen hätten wir im Notfall nicht schaffen können. Nachts saßen wir mit nacktem Popo auf unserer Büchse vor dem Zelt und verrichteten unsere Notdurft oft unter Aufsicht amerikanischer Soldaten, die Wache hielten, damit niemand flüchten konnte. Wie wir unsere Tage in Cernon verbrachten, weiß ich nicht mehr. Ich weiß wohl, dass jeder stark mit sich selbst beschäftigt war. Wir durften auch tagsüber das Lager nicht verlassen, um zum Beispiel die Stadt Châlons sur Marne zu besichtigen, was sicher der Mühe wert gewesen wäre! Allerdings war es ohnehin zu weit, um hinzulaufen, und Geld für was auch immer besaßen wir auch nicht.

Wenn ich mich nicht irre, sind wir etwa vier Wochen in diesem Entnazifizierungslager geblieben, und sicher war unter uns noch der eine oder andere Nazi. Es ist zu hoffen, dass er (sie) dann entlarvt wurde! Viele unserer lieben holländisch-jüdischen Lager- und Leidensgenossinnen sagten damals zu uns: »Ihr kommt niemals nach Holland zurück, denn ihr seid ja keine Holländer!« Das war alles, was sie aus der Holocaustzeit gelernt hatten. Diese Parole von Leidensgenossen, die das tiefste Elend und Todesangst mit uns geteilt hatten, hat mich so tief getroffen, dass ich sie niemals vergessen werde. Ich kann mich bis heute noch sehr genau an den Namen einer dieser Maulaufreißerinnen erinnern: Es war Sera Sajet, die ich Jahre später als Verkäuferin im Maison de Bonneterie wiedersah. Sie tat, als hätte sie mich nie zuvor gesehen.

Die Wochen in Cernon – Mai und Juni 1945 – gingen vorbei, und gegen Ende Juni verließen wir den Ort; unser Ziel war Angers sur Maine. Wir, das waren acht Frauen ohne Nationalität, weil die Deutschen uns Juden aus Deutschland während des Krieges für staatenlos erklärt haben. Die »echten« Niederländer wurden direkt von Cernon aus in die Niederlande repatriiert, also diejenigen, die geschrien hatten: »Ihr seid keine Holländer!« Sollten sie doch noch recht behalten?

Wieder fuhren wir in Rot-Kreuz-Autos weiter die Marne entlang, dann etwas Richtung Süden und kamen über Le Mans – eine kleinere Stadt – zu der südwestlich davon gelegenen Stadt Angers. Die Umgebung von Angers ist wunderbar, dicht bewaldet, und das Barackenlager Pignerolles, das unser Bestimmungsort war, lag mitten in einem solchen Wald. Während des Krieges war es ein Hauptquartier deutscher Offiziere gewesen. Es gab ungefähr zehn oder mehr Baracken und ein Schloss als Hauptgebäude, in dem jetzt unser »Capitaine« untergebracht war, der das Lager leitete.

Wir, das waren: Mutter und Tochter Lewkowitz und eine halb jüdische Cousine, die in Cernon aufgetaucht war, Elise Friedmann, Mine Rolef, Lilo Jäger, Lilo Hirsch, Elsbeth Levy, Ruth Kramer, Leo Schnoy und ich. Leo war in der Männerbaracke untergebracht, und in den anderen Baracken wohnten wahrscheinlich noch andere »Displaced Persons«, aber meine Erinnerung lässt mich da im Stich.

Unsere Baracke hatte mitten im Schlafsaal einen großen, eisernen Ofen, und an den beiden Längsseiten standen hölzerne Stockbetten, etwa zehn an jeder Seite. Es war also Platz für 40 Personen. Ich wählte ein oberes Bett über Ruth Kramer, die etwa 30 bis 40 Jahre alt war. Die meisten von uns kannten sich noch aus Westerbork, aber wir hatten uns nach Auschwitz aus den Augen verloren. Wir waren in Freiberg in verschiedene Arbeitsgruppen, oder sogar in eine andere Fabrik – die Munitionsfabrik – eingeteilt worden. Ruth Kramer hatte zu niemandem wirklich Kontakt, obgleich sie ein freundlicher, sanftmütiger Mensch war. Sie war ziemlich depressiv, und wir waren nach allem Elend und allen Schocks, die wir hinter uns hatten, sehr mit unserer eigenen psychischen und physischen Genesung beschäftigt. So distanzierten wir uns unbewusst von ihr, die stets über ihren Sohn Walter sprach, der mit einem Klumpfuß geboren war und an den ich mich auch noch von Westerbork her erinnern konnte. Ruth Kramer hegte noch die Hoffnung, dass ihr Sohn überlebt haben könnte.[11]

Erst in diesen Juliwochen hörten wir, was sich wirklich in Auschwitz und anderen Holocaustlagern abgespielt hatte. Wir erfassten damals zum ersten Mal, dass es nur eine Ausnahme bedeuten würde, wenn unsere Angehörigen dem Tod entronnen waren, so wie wir, weil man uns in Auschwitz-Birkenau für Arbeit selektiert hatte. Auch ich begriff jetzt, dass es wenig Hoffnung gab, meine Eltern wiederzusehen. Das war eine bittere und schmerzliche Erkenntnis, mit der ich fertigwerden musste. Als ich mir das klarmachte, überwältigte mich mein Kummer. Ich musste mit mir allein sein. Ich rannte aus der Baracke, warf mich auf das Grasfeld hinter der Baracke – wo sonst niemand war – und weinte Stunden um Stunden.

Unser französischer »Capitaine« erwies sich als ein netter jüdischer Herr. Wir hatten uns inzwischen etwas erholt von allen Entbehrungen und waren nun keine Skelette mehr. Auch war das Haar auf unseren kahl geschorenen Köpfen etwas nachgewachsen. Ich war die Jüngste in unserer Gruppe, denn Mutter Lewkowitz war mit ihrer Tochter Regina, die noch etwas jünger war als ich, eines Tages verschwunden. Sie war eine Frau mit viel Initiative und hatte ihre Repatriierung selbst in die Hand genommen. Ich hatte wieder blonde Locken und sah hübsch aus. Eines Tages fragte mich unser »Capitaine«, ob ich es schön fände, in Frankreich zu bleiben. In diesem Falle würde er mich adoptieren wollen und studieren lassen. Inzwischen hatte ich vom Internationalen Roten Kreuz Nachricht von meinen Großeltern, Tante Rosi und Ruth. Sie waren aus Theresienstadt nach Amsterdam repatriiert und erwarteten mich jetzt in einer kleinen Wohnung im Osten der Stadt. Also dankte ich dem »Capitaine« für sein so freundliches Angebot, das durchaus verlockend war, und erzählte ihm, dass meine Angehörigen in Amsterdam auf mich warteten.

Die Umgebung des Barackenlagers war herrlich. Unser Leben dort war ausgeglichen, ruhig. Auf den großen Weideplätzen in den Wäldern suchten wir frische Champignons, die zwischen den Kuhfladen wuchsen. Die Kühe grasten auf den Weiden. Diese Champignons waren nicht mit den heutigen, in Kellern künstlich gezüchteten, zu vergleichen. Sie schmeckten köstlich. Aus der Küche durften wir Töpfe leihen, und wir bekamen auch etwas Mehl und Milch, und so bereitete jeder seine eigene zusätzliche Mahlzeit. Natürlich erhielten wir unsere regelmäßigen Mahlzeiten aus der Küche. Wir gingen allein oder zu zweit auf Champignonsuche. Ich ging oft allein und fand das auch gut. Bald merkte ich, dass Neid und Missgunst untereinander größer waren denn je.

In den Wäldern wuchsen herrliche Brombeeren. Wir suchten auch davon Eimer voll. Aus Milch und Mehl machten wir einen schmackhaften Pudding und gaben frische Brombeeren darüber. Auch das schmeckte herrlich.

Eines Tages lief ich mit Mine Rolef, einer herben Frau von etwa vierzig Jahren, nach Angers. Sieben Kilometer Entfernung auf einer ruhigen Autostraße wollte ich doch lieber nicht allein laufen. Nach einer einstündigen strammen Wanderung kamen wir in das Städtchen, das sehr provinziell, aber doch reizvoll war. Bei einem Kolonialwarenhändler, bei dem wir ein paar Sachen kauften (vielleicht bekamen wir etwas Taschengeld, das weiß ich nicht mehr), erkundigte ich mich nach einer *famille juive,* denn ich wollte wissen, ob in diesem Städtchen noch Juden lebten, mit denen wir Kontakt aufnehmen könnten. Eine einzige Familie sei aus dem Krieg zurückgekommen, eine Familie Maurice, erfuhren wir. Man erklärte uns, wo diese Familie wohnte. Es war in der Nähe, und wir liefen sofort dorthin. Die Familie sprach gebrochen

Deutsch, halb Jiddisch. Nachdem wir uns vorgestellt und erzählt hatten, woher wir kamen, wurden wir herzlich und gastfreundlich empfangen; wir bekamen sofort *goûter.* Das war Stockbrot mit Butter und Marmelade und Kaffee. Die Familie Maurice bestand aus Mann und Frau zwischen 30 und 40 Jahren. Die Frau erwartete ein Baby. Dann waren da noch ein Töchterchen von acht Jahren und ein fünfundzwanzigjähriger Cousin. Es waren reizende Menschen. Alle vier waren während der Kriegsjahre in den Wäldern rings um Angers untergetaucht. Die Widerstandsbewegung hatte sie mit Lebensmitteln und Kleidung versorgt. Die Familie lud uns ein, am nächsten Tag wieder zum *goûter* (der Nachmittagskaffeezeit) zu kommen und unsere Lagergenossinnen mitzubringen.

Mit großer Begeisterung kamen auch die anderen am nächsten Tag mit. Wir gingen nun beinahe täglich zu ihnen. Es war eine Stunde zu Fuß hin und zurück. Mit den anderen zusammen war es nicht mehr so gemütlich und auch viel zu viel Besuch für die Familie Maurice. Ab und an gingen Mine Rolef und ich allein hin. Eines Tages lief der Cousin mit uns zurück, und nach einer verlegenen Stille fragte er mich auf Jiddisch, ob ich ihn heiraten wolle. Ich war gerade 18 Jahre alt, sehr kindlich und sehr naiv und noch lange nicht so weit, dass ich heiraten wollte. Das sagte ich dem jungen Herrn Maurice, der doch traurig über meine Antwort war.

Wir blieben von Juni bis Mitte Oktober 1945 in Angers

und verbrachten dort in der wunderschönen Natur eine schöne, ruhige Zeit. Wir genossen auch die Gastfreundschaft und Spontaneität der Familie Maurice. Es begann kühler zu werden, und wir alle bekamen von der Familie Maurice warme Kleidungsstücke. Sie erzählten mir auf meine Frage, wann die *Jamien Noraiem* (die Hohen Feiertage im Herbst) sein würden, und auf meine Bitte liehen sie mir ein Gebetbuch, einen *Siddur* oder *Machsor* (Gebetbuch und Gebetbuch für die Feiertage). Wenn in Angers eine Synagoge gewesen wäre, hätten wir sie wegen der Entfernung doch nicht besuchen können.

So ging der Sommer 1945 vorbei. Ruth Kramer bekam einen Hautausschlag, der nach Aussage des Lagerarztes Krätze war, eine parasitäre Hautinfektion, die sehr ansteckend ist. Da ich barfuß von Ruth Kramers Bett auf mein Bett klettern musste, wurde auch ich angesteckt. Wir litten unter schrecklichem Juckreiz, hauptsächlich nachts, und drei Tage lang mussten unsere gesamten Körper mit einer Spezialcreme eingerieben werden, um diese Infektion wieder loszuwerden. Die Kleidung, die wir getragen hatten, musste verbrannt werden.

10
Über Paris nach Amsterdam

Im Oktober teilte der Capitaine uns mit, dass wir über Paris in die Niederlande repatriiert werden sollten. Wir nahmen also Abschied von Angers und der freundlichen Familie Maurice und dem besonders netten Capitaine und reisten von Angers mit dem Zug nach Paris.

In Paris, am Gare du Nord, nahm uns ein jüdischer Herr vom Jüdischen Comité in Empfang. Er brachte uns mit der Metro zum Comité, und unterwegs las er uns allen die Zukunft aus der Hand. Er schaute sehr lange auf meine Hand, sagte aber nicht viel.

Beim Comité bekamen wir etwas Geld, die Adresse eines preiswerten Hotels und die Adressen von einem Arzt und einem Zahnarzt, zu denen wir zur Kontrolle gehen sollten. Wir mussten alle Wege mit der Metro zurücklegen, was in Paris damals schon sehr unkompliziert war. Die Damen dagegen kamen damit überhaupt nicht zurecht und waren völlig hilflos. Ich als Jüngste konnte mich sehr gut orientieren und wurde die »Metroführerin«. Zum Abschluss unseres Aufenthalts schenkte Elise Friedmann mir ein kleines Notizbuch mit der Widmung:

»Metro nie vergessende Elise Friedmann«. Das Büchlein habe ich sehr lange als Zeichen der Freundschaft aufbewahrt.

Der Zahnarzt lobte mein Gebiss. Ich hatte kein einziges Löchlein. Auch ohne Zahnpasta und Zahnbürste hatte ich seit Auschwitz meine Zähne morgens und abends mit einem Fetzen Stoff gereinigt. Unsere erste Anschaffung in Angers war dann auch eine Zahnbürste gewesen. In Paris machten wir ein paar kleinere Einkäufe in Warenhäusern, zum Beispiel im Lafayette, und genossen die Schönheit der Stadt Paris, die wie im Fluge an uns vorbeiglitt. Aus diesen kurzen Tagen habe ich daher auch keine bleibenden Eindrücke an Paris nachbehalten.

Das Jüdische Comité gab uns Zugkarten Paris – Amsterdam. Wir fuhren am frühen Morgen des 14. Oktober 1945 ab und kamen am Abend des 15. Oktober um 23 Uhr in Amsterdam Centraal Station an. Die Nachkriegszüge 1945 brauchten auf allen Strecken viel Zeit, da ein großer Teil der Gleise von Bombenangriffen zerstört war, sodass die Züge umgeleitet werden mussten. Lilo Hirsch war die Erste, die uns verließ. Sie stieg in Vaals aus, wo Verwandte oder Bekannte von ihr wohnten. Der Zug hielt in jeder noch so kleinen Ortschaft.

Mine Rolef, Ruth Kramer, Elise Friedmann, Lilo Jäger, Elsbeth Levy und ich stiegen in Amsterdam Centraal Station aus. Um 23 Uhr lag der Bahnhof völlig verlassen und ausgestorben da – bis auf einen älteren jüdischen Herrn, der uns auf dem Bahnsteig erwartete. Er strich unsere

Namen auf einer Liste aus und gab jedem von uns 25 Gulden, was damals für uns Reichtum bedeutete. Wir mussten ihm unsere Entlassungspapiere aus Mauthausen zeigen. Dann wurden wir in ein Auto eingeladen und zu unseren diversen Adressen gefahren.

So kam ich bei meinem Opa, meiner Oma, Tante Rosi und Ruth an, am Tugelaweg Nummer 61. Es war eine kleine, bescheidene, möblierte Dreizimmerwohnung in der Nähe der Amstel Station. Sie hatten übers Rote Kreuz meinen Brief erhalten, dass ich um ungefähr diese Zeit ankommen würde.

Stolz kam ich mit meinem Holzköfferchen hereinstolziert, und die Freude auf beiden Seiten war groß, obgleich getrübt durch die Geschehnisse des Krieges und den Gedanken daran, dass meine Eltern nicht zurückgekommen waren. Wir wussten von unserem gemeinsamen Kummer und sprachen nicht darüber. Die Wohnung am Tugelaweg, gegenüber von Bahngleisen gelegen, war klein, aber gemütlich. Ich schlief mit Ruth zusammen in einem großen Bett. Opa, Oma und Tante Ruth verwöhnten mich.

Nun kam die Zeit, da ich versuchen musste, mich wieder an das normale Leben zu gewöhnen. Ich hatte keinerlei Schulbildung. Zudem musste ich einen Beruf wählen, und das würde mir noch schwerfallen.

Zu einem normalen Schulbesuch ist es nicht mehr gekommen. Ich füllte die enormen Löcher meiner Allgemeinbildung durch Abendsprachkurse, später auch in England, Frankreich und Argentinien. Ich machte eine kaufmännische Ausbildung, indem ich verschiedene Kurse besuchte, wie Maschineschreiben, Stenografie und Handelskorrespondenz in verschiedenen Sprachen.

Ich wollte unbedingt ins damalige Palästina, was unter dem englischen Mandat aber nur illegal möglich war; und auch das gelang wegen des Widerstands der Engländer meistens nicht, da sie alle illegalen Schiffe vor dem Ziel abfingen. Ich zog es erst mal vor, auf *Einzelhachscharah* zu gehen, das bedeutet vorbereitende Ausbildung für Palästina, in meinem Fall von der großelterlichen Wohnung aus. Normalerweise erfolgte diese Ausbildung für Palästina in einem speziellen Ausbildungszentrum. Ich arbeitete für fünf Gulden am Tag in einer der Gärtnereien am *Zuidelijke Wandelweg,* wo all die Tennisparks liegen. Würde ich aber auch die Kraft, das Durchhaltevermögen und die Zielstrebigkeit haben, um mutterseelenallein nach Palästina auszuwandern? Während ich es im Moment doch so wunderbar fand, von Opa und Oma und Tante Rosi verwöhnt zu werden?

Ich wurde ein sogenanntes »oorlogspleegkind«, ein Kriegspflegekind; in den Akten der Amsterdamer Fremdenpolizei war ich als »staatenlos« registriert.

Im Juni 1950 – als Palästina schon seit zwei Jahren der selbstständige Staat Israel war – ließen meine Großeltern mich zu Freunden, der Familie Katz in Haifa, reisen, und zu den Verwandten Perlstein in Netanja und Voremberg in Ramat Gan.

Ich fuhr von Amsterdam per Bahn nach Paris, von Paris nach Marseille und schiffte mich auf der SS Kedmah ein. Wir waren sechs Tage an Bord mit einer Zwischenlandung in Venedig. Es war eine herrliche Fahrt!

In Israel lernte ich sehr viele junge Männer kennen. Übrigens auch schon an Bord der Kedmah; aber ich war noch lange nicht so weit, dass ich heiraten wollte. Auch das Land lernte ich kennen, von Galilea im Norden bis zur Wüste Negev im Süden; ich reiste per Anhalter durchs ganze Land, weil ich kein Geld hatte. Um unabhängig zu sein und Geld zu verdienen, arbeitete ich als Serviererin im Gal Yam Hotel in Netanja, und das machte mir viel Spaß.

Im Oktober wurde ich per Telegramm nach Amsterdam zurückgerufen. Mein geliebtes Großväterchen war sterbenskrank geworden. Den Rückflug konnte ich mit meinem selbst verdienten Geld bezahlen. Wieder in Amsterdam, lernte ich meinen zukünftigen Mann kennen. Der Urheber der zukünftigen Ehe (allerdings erst zehn Jahre später) war also mein Großvater gewesen. Aber das ist eine andere Geschichte …

Anmerkungen

1. Die Dokumentation zu dem Geschehen auf und um die St. Louis hat Hannelore Grünberg-Klein vorwiegend entnommen: Hans Herlin, *Kein gelobtes Land,* Hamburg: 1961.
2. Allgemeine Bezeichnung für jüdische Feiertage und Gedenktage.
3. Abkürzung der Hamburg-Amerikanische Paketfahrt-Aktiengesellschaft.
4. Dieser Nachname kennt auch die Schreibweise: Dobrzyner, z. B. in der Datenbank von Yad Vashem.
5. Laut Joods Monument und Yad Vashem ist Werner Dobrzyner in Buchenwald gestorben, nicht in Mauthausen. Manfred ist in Mauthausen gestorben. Regina und ihr Mann sind in Sobibor umgekommen.
6. Laut Joods Monument hat Liebleins Frau den Krieg überlebt, doch ist nicht genau bekannt, wo Emmanuel Lieblein umgekommen ist. Yad Vashem ist im Besitz eines »Gedenkblattes«, darin eine Erklärung von Liebleins Schwester, ihr Bruder sei am Tag der Befreiung am 15. April 1945 in Bergen-Belsen an Typhus gestorben.
7. Information zur Organisation von Lager Westerbork entnahm Hannelore Grünberg-Klein: Dr. J. Presser, *Ondergang,* 1965.
8. Camilla Spira hat als Einzige der genannten Künstler den Krieg überlebt.

9. Laut Joods Monument und Yad Vashem hieß das Töchterchen von Lieblein Renée Yvonne. Die Töchter von Spanier hießen Renate und Inèz.
10. Liebleins Frau, Rosa Weingold, soll nach einigen Quellen den Krieg überlebt haben. Ihr Töchterchen Renée Yvonne aber ist am 25. Oktober 1944 in Auschwitz umgekommen. S. dazu Anmerkung 6.
11. Laut Joods Monument ist Walter in Auschwitz umgekommen, wie auch sein Vater Erich Kramer.

Nachwort

Das Buch meiner Mutter habe ich erst nach ihrem Tod richtig gelesen. Das geschah nicht aus Absicht. Vielmehr hatte ich mir ausgemalt, wie die Lektorin des niederländischen Verlags [Nijgh & Van Ditmar], Caroline Mulder, im Wohnzimmer meines Elternhauses ihre Anmerkungen und Änderungsvorschläge mit meiner Mutter durchgehen würde. Ich wollte danebensitzen, hier und da zwischen den Parteien vermitteln; als erfahrener Kollege schien ich mir für diese Rolle geradezu prädestiniert. Dass meine Mutter eine schwierige Gesprächspartnerin sein würde, konnte ich mir nicht vorstellen. Als sie den Vertrag geschlossen hatte, erst mündlich, dann schriftlich, war ihre vornehmste Sorge gewesen, dass das Buch sich nicht verkaufen und der Verleger Vic van de Reijt nie mehr mit ihr sprechen würde. Aus dem gleichen Grund, denke ich, hat sie wohl auch auf einen Vorschuss verzichtet. Ich war bei der Vertragsunterzeichnung dabei. Vic sagte: »Sie haben das Recht auf einen Vorschuss, davon können Sie sich einen schönen Mantel kaufen.«

An ihrem Blick war abzulesen, dass sie diesen Vorschlag unpassend fand. Kurz angebunden erwiderte sie: »Einen Mantel habe ich schon. Ich brauch keinen Vorschuss.«

Keinen Vorschuss, dafür eine Buchpräsentation. Als ich sie fragte, ob sie sich eine Veranstaltung im Lloyd Hotel vorstellen könnte, dem Ort, wo man sie 1939 zusammen mit ihren Eltern interniert hatte – dass die Möglichkeit bestünde, hatte der Verleger mir per E-Mail mitgeteilt –, antwortete sie: »Gute Idee. Wenn's nur kein zu großes Tamtam wird. Und wenn ich das dann noch kann.«

All diese Fantasien gingen am 9. Februar 2015, dem Tag, an dem meine Mutter starb, abrupt zu Ende. Oder vielleicht nicht die Fantasien selbst, wohl aber deren grundlegende Voraussetzung.

Wann genau meine Mutter dieses Buch geschrieben hat, kann ich nicht sagen. Es muss Anfang der Neunzigerjahre gewesen sein, oder vielleicht etwas früher. Im Kapitel ›Mauthausen‹ – wohin sie 1945 als letzte Station ihrer Lagergeschichte gelangt war – erwähnt sie, dass sie sich daran »nun, vierundvierzig Jahre später« erinnere, es muss also 1989 geschrieben worden sein. Ich war damals achtzehn, mein Vater war noch nicht krank, ich versuchte noch immer, Schauspieler zu werden und arbeitete als jüngster Gehilfe bei einem Verlag für wirtschaftliche Nachschlagewerke und Adressbücher [Nederland-se Uitgeverij voor Handelsinformatie en Adresboeken – NUHA].

Ich kann mich nicht erinnern, dass ich sie je an diesem Buch hätte arbeiten sehen. Dafür sah ich sie oft tippen, auf einer alten Schreibmaschine, die noch aus der Zeit vor dem Zweiten Weltkrieg stammen musste, aber das waren Briefe. Sie schrieb ihren Verwandten in Buenos Aires und meiner Schwester, die 1982 nach Israel gegangen war. Manchmal tippte sie auch Dinge, die sie im Gespräch mit bestimmten Leuten auf keinen Fall vergessen wollte, zum Beispiel mit Ärzten oder Klempnern, damit sie nicht aus dem Konzept käme, wenn sie plötzlich verlegen würde, denn sie hatte den Text ja schon fertig getippt in der Tasche.

Auch mir hat sie, als ich frisch nach New York umgezogen war, noch ein paar Briefe geschrieben, doch zuletzt telefonierten wir nur noch. Den Vorschlag meiner Schwester, einen Computer anzuschaffen, damit wir auch skypen könnten, lehnte sie resolut ab. Sie war gegen Veränderungen, doch hatten die sich einmal vollzogen, fand sie sich mit bemerkenswerter Leichtigkeit damit ab. So wollte sie nie einen Arzt rufen und auch nie ins Krankenhaus, doch wenn sie einmal da war, wurde ihr oft mulmig bei dem Gedanken, wieder nach Hause zurückkehren zu müssen; auch hat sie es den Ärzten und Pflegekräften nie sonderlich schwer gemacht, obwohl sie einen Pfleger der Amsterdamer Uniklinik einmal als »Antisemiten« beschimpfte. Als er hereinkam, flüsterte sie: »Da ist dieser Antisemit wieder.« Das fand ich unangenehm, denn Krankenpfleger haben in der Regel sehr gute Ohren. Wir haben mit ihm gesprochen, und ich glaube, er konnte sie verstehen.

Von diesem Manuskript hat meine Mutter eine eigene Übersetzung ins Deutsche erstellt – bei ihrer Cousine in Buenos Aires muss noch ein Exemplar davon liegen, in unserer Amsterdamer Wohnung ist sie unauffindbar. Die Tochter einer Freundin von ihr, Karin Lesnik-Oberstein, hat den Text ins Englische übersetzt.

Mein Exemplar lag lange Zeit ordentlich auf ihrem Büffet; im Copyshop am Parnassusweg, den sie eine Weile öfter besuchte, hatte sie das Manuskript kopieren und binden lassen und unter den Plastikumschlag einen Zettel mit der Aufschrift »Arnon« gesteckt, damit alle wüssten, dass diese Kopie für mich bestimmt war. Manchmal sagte sie: »Du hast es nicht gelesen, es interessiert dich nicht«, aber ich vermute, dass sie mir das nie wirklich übel genommen hat, sie war zu sehr Mutter, ihren Kindern etwas dauerhaft übel zu nehmen.

Als ich 2005 mit Paul Rosenmöller* im Rahmen einer Fernsehdokumentation nach Auschwitz fuhr – eine Reise, an die ich mit gemischten Gefühlen zurückdenke –, hatte ich das Buch meiner Mutter im Gepäck. Das war Rosenmöllers Idee gewesen. Auf einer Bank auf dem Bahnhof von Kattowitz habe ich daraus vorgelesen. Bestimmte Passagen kannte ich also schon damals, aber nicht alles. Ich meine mich zu erinnern, dass ich Rosenmöller in diesem Punkt angelogen hatte. Ich erzählte ihm, ich hätte es ganz durchgelesen. Es war mir peinlich zuzugeben, dass ich das Buch meiner Mutter noch immer nicht vollständig kannte. So was gehört sich nicht.

Warum habe ich die komplette Lektüre so lange aufgeschoben? Ohne groß psychologisieren zu wollen, nehme ich an, dass ich Angst hatte, Geheimnissen darin

* niederländischer grüner Politiker und Fernsehjournalist. d. Ü.

zu begegnen, die ich lieber nicht wissen wollte. Ich hatte Angst, Mitleid mit meiner Mutter zu bekommen, und wenn sie etwas nicht verdient hatte, dann war es Mitleid. Meine Mutter war eine unglaublich starke Frau, so stark und aggressiv, dass wir häufig Konflikte miteinander hatten, bis die nach und nach abnahmen und eine Liebe übrig blieb, unzulänglich und mängelbehaftet, aber das ist menschliche Liebe immer.

Als ich noch ein Kind war, sagte meine Mutter oft, wir, ihre Familie, wären schlimmer als Auschwitz. Soweit das einen konkreten Hintergrund hat, mehr ist als eine in meinen Augen wundervolle Übertreibung – denn was bin ich, wenn ich schlimmer bin als Auschwitz? –, kann ich ihr nur recht geben. Wir *waren* schlimmer als Auschwitz, wir *mussten* es sein. Ich wollte das auch und es vor allem bleiben.

Trotzdem ist meine Mutter kein Holocaustopfer, und ich bin kein Kind von Opfern des Holocaust. Eine solche Simplifizierung würde meinen Eltern und meiner Erziehung nicht gerecht. Meine Mutter konnte eifersüchtig und wütend sein, doch wirklicher Hass war ihr fremd. Hass war nicht Teil meiner Erziehung, meine Eltern hassten die Deutschen nicht, im Gegenteil: Sie sind immer Deutsche geblieben, und vielleicht darum standen sie dem Geschehen in den Niederlanden, obwohl dort lebend, immer irgendwie fremd gegenüber. Nur nach Österreich fuhren wir nicht. Die Österreicher wurden gemieden. Doch selbst das war kein Hass. Als wir uns bei einem Schweizurlaub einmal über die Grenze ins österreichischen Feldkirch verirrten, sagte mein Vater nach einer Stunde: »Hier können wir nicht bleiben, gehen wir zurück in die Schweiz.«

In den letzten Jahren sagte meine Mutter oft: »Wie können Mörder nur lächeln? Die von der SS haben mich immer angelächelt.« Ich habe diese rhetorische Frage nie beantwortet. Wenn Leute sie drängten, mehr Details zu erzählen, vielleicht in der Hoffnung, eine schauerliche Geschichte zu hören zu bekommen, sagte sie immer: »Ich war ein Kind, das Elend rauschte an mir vorüber.«

Ein paar Wochen vor ihrem Tod muss sie einen Alptraum gehabt haben, in dem ihr nach ihrem Tod massenhaft Nazis begegneten, aber ein Mann, der jede Woche zu einer bioenergetischen Therapiesitzung bei ihr vorbeikam, hat sie von dieser Schreckensvorstellung befreit. Manchmal sagte sie: »Ich denke oft an den Krieg, denn früher hatte ich dazu keine Zeit.«

»Und diese Gedanken an den Krieg, quälen die dich?«, fragte ich.

»Nein«, antwortete sie, »es sind einfach die Tatsachen.«

Man darf meine Mutter nicht auf ihre Kriegserinnerungen reduzieren, das wäre ein verhängnisvoller Fehler, und man täte ihr Unrecht. Sie war und ist mehr als der Krieg, und nicht nur der Krieg hat sie geprägt. Wenn ich manchmal zu ihr sagte, sie sei etwas so Besonderes und so gut, antwortete sie entschieden und auch ein wenig gereizt: »Ich bin ein ganz normaler Mensch.« Aber tapfer wollte sie schon sein. Wenn ich sie so nannte, antwortete sie immer: »Das kannst du laut sagen.«

Ihre Tapferkeit zeigte sich auf vielerlei Weisen, unter anderem auch darin, dass sie den Krieg nie ihr Leben bestimmen ließ, sie ist immer eine unabhängige Persönlichkeit geblieben. Nicht umsonst endet ihr Buch mit den Worten: »Aber das ist eine ganz andere Geschichte ...« Auch nach dem Krieg gab es noch Geschichten zu erzählen, und das tat sie, wenn auch nicht auf Papier.

Als ich zur niederländischen Buchwoche 1998 die traditionelle Geschenknovelle* schrieb, wurde ein Pappaufsteller mit meinem Foto hergestellt, auf dem ich wie ein Kellner drei meiner Bücher serviere. Bis zu ihrem Lebensende hat dieser Pappkamerad bei meiner Mutter auf der Treppe gestanden, als eine Art Glücksbringer, nehme ich an, aber vermutlich auch – ich habe es sie nie gefragt –, weil sie dachte, Leute würden sie besser behandeln, wenn sie auf die Weise sehen würden, dass sie meine Mutter ist, dass sie dann Privilegien bekäme, die ihr sonst verwehrt blieben. Vielleicht war das Sinn und Zweck meiner gesamten schriftstellerischen Tätigkeit. Ich denke, es ist so.

Anfang der Neunzigerjahre hat sie das Manuskript

* jedes Jahr bei einem anderen Schriftsteller in Auftrag gegebenes Werk, das während einer Woche im März niederländische Kunden beim Kauf eines Buchs gratis dazuerhalten. d. Ü..

zu diesem Buch einem niederländischen Verleger geschickt, Loeb, wenn ich nicht irre. Es kam zurück, der Verlag hatte kein Interesse. Danach hat sie es nirgends mehr probiert. Das wichtigste Ergebnis meiner jahrelangen Arbeit als Autor, und das sage ich nicht mit geheuchelter Bescheidenheit, bloß mit einem realistischen Blick auf das, was ich bin und wo ich herkomme – irgendwie muss man sich zu seiner Geschichte und der seiner Eltern ja verhalten –, ist, dass dieses Buch endlich erscheinen konnte.

Meine Mutter und ihr Buch sind das Zentrum, alles andere ist Beiwerk. Mein Œuvre ist eine Fußnote zu diesem Buch und zum Leben meiner Mutter – womit ich nicht gesagt haben will, mein Werk sei ausschließlich vor dem Hintergrund des Kriegs zu erklären – dieser Interpretation werde ich mich stets widersetzen – höchstens, dass es Löcher in der Erinnerung gibt, in der Geschichte meiner Mutter und meines Vaters, Löcher, die gefüllt werden müssen. Gerade auch mit Literatur.

Frans Kellendonk hat einmal den mittlerweile fast sprichwörtlichen Ausspruch getan, er habe ein Loch in der Schöpfung entdeckt, in das Gott hervorragend hineinpassen würde. Ich sage lieber, das Leben ist voller Löcher, in die die Literatur hervorragend passt.

Zur Vorbereitung einer Reihe von Seminaren zum Thema Lagerliteratur, die ich im Jahr 2008 an der Universität Leiden geben sollte, besuchte ich den Literaturwissenschaftler Jacq Vogelaar, der eine Studie über dieses Thema geschrieben hat. In seinem Bücherregal lagen kleine, bizarre Objekte. »Das sind meine Herzschrittmacher«, erklärte er.

An diese Begegnung muss ich immer wieder zurückdenken. Im direkten Kontakt zeigte Vogelaar eine merkwürdige Mischung von Verbitterung und Fröhlichkeit, und so redete er auch über Lagerliteratur.

In seinem Buch schreibt er: »Entscheidend ist, ob ein Text den Leser aus eigener Kraft überzeugt, unabhängig von der Tatsache, ob das Erzählte wirklich geschehen ist und vom Autor wirklich erlebt und mit eigenen Augen gesehen wurde.«

Im Falle der Lagerliteratur ist dies eine schwierige, wenn nicht gar unmögliche Aufgabe.

Doch selbst diese unmögliche Aufgabe hat meine Mutter erfüllt.

Arnon Grünberg
New York, März 2015

aus dem Niederländischen übersetzt von Rainer Kersten

Stammbaum

Karl
Tannenbaum
(Mansbach, 1875 - Amsterdam, 1950)
x Malchen Schloss
(Gleicherwiesen, 1878 - Buenos Aires, 1957)

Luise
Tannenbaum
(Hersfeld, 1903 - Auschwitz, 1944)
x Leopold Klein
(Berlin, 1893 - Auschwitz, 1944)

Hannelore
Klein
(Berlin, 1927 – Amsterdam, 2015)
x Hermann Grünberg
(Berlin, 1912 - Amsterdam, 1991)

Maniou-Louise
Grünberg
(Amsterdam, 1963)
x Amos Schey
(Jerusalem, 1952)

[sieben Kinder, Chagit, Eldad, Avital, Tsvi, Tuvya, Rinatya, Elisha David]

Arnon Yasha Yves
Grünberg
(Amsterdam, 1971)

Rosi
Tannenbaum
(Hersfeld, 1904 – Buenos Aires, 2005)
x James Friedmann
(Poznan, 1900 - Buenos Aires, 1971)

Ruth
Friedmann
(Berlin, 1928)
x Walter Rapp
(?, 1916 - ?)

[zwei Kinder, Judy und Steve]

x Emilio ?
(? - 2014)

Editorial

Hannelore Grünberg-Klein schrieb ihre Kriegserinnerungen um das Jahr 1990 herum. Anno 2015 zirkulieren verschiedene Versionen des Typoskripts in Amsterdam und Israel. Bei der Vorbereitung für dieses Buch haben wir uns bemüht, eine möglichst vollständige Version herzustellen. Um der Lesbarkeit willen haben wir zum Teil in den Text eingegriffen: die Reihenfolge wurde logischer gemacht, Wiederholungen gestrichen und Germanismen ersetzt. Einige erklärende Anmerkungen sind hinzugefügt, wie auch ein Stammbaum, wofür wir Bob Polak und Mary Alers ausdrücklich danken.

Die Dokumentation zur Reise der St. Louis entnahm Hannelore Grünberg-Klein dem Buch: Hans Herlin, *Kein gelobtes Land,* Hamburg: 1961. Informationen zur Organisation des Lagers Westerbork stammen aus: Dr. J. Presser, *Ondergang. De vervolging en verdelging van het Nederlandse Jodendom 1940–1945,* Den Haag: 1965. (Untergang, Die Verfolgung und Vernichtung des niederländischen Judentums 1940–1945).

Die Fotos in diesem Buch stammen, wenn nicht anders vermerkt, aus dem Familienbesitz der Familie Grünberg-Klein.

Wir danken Claudia Möller für ihre Hilfe beim Entziffern des kurzen Abschiedsbriefes von Luise Klein.

Der Verleger, April 2015, Amsterdam

Anmerkungen zur deutschen Ausgabe

Der deutschen Übersetzung liegt die niederländische Buchausgabe zugrunde. Parallel dazu hatte die Übersetzerin auch Zugang zu einem Typoskript aus den 1990er-Jahren, einer deutschen Fassung, die Hannelore Klein-Grünberg selbst ausgeführt hat. Dieses Typoskript spürte Arnon Grünberg im Februar 2016 in Buenos Aires auf und stellte es der Übersetzerin und seinem deutschen Verlag in Absprache mit dem niederländischen Verlag zur Verfügung.

Verlag Kiepenheuer & Witsch, Mai 2016, Köln